こんなに出る

1 漢字の読み書きはすべての学校で出題される！

「読み・書き・そろばん」というように，漢字の読み書きは国語の基本です。国語ばかりではなく，すべての学問の基本でもあります。漢字の読み書きを出題しない国語の入試問題はありません。必ず出題されるのですから，日ごろからきちんと勉強すれば，合格点をとるのもかんたんです。

2 漢字関連問題にも要注意！

読み書き問題のほかに，中学入試特有の問題として、ことわざ・慣用句，部首，反対語（対義語），四字熟語，筆順，画数などがあります。こうした漢字関連問題は，学校により出題傾向がさまざまですが，漢字を覚えるうえでとても役に立ちます。しっかり勉強しておけば，高得点をかせぐこともむずかしくありません。

ポイントはここ！

3 ことわざ・慣用句，四字熟語はよく出題される！

　ことわざ・慣用句に関する出題でもっとも多いのは，「体の一部を使った」慣用句です。出題は，語句を補充《ほじゅう》させる形式がほとんどです。まぎらわしいものが多いので，意味ごと覚えてしまいましょう。四字熟語では，一字あるいは二字を補充させる問題が多く，とくに漢数字を使うものと対になるものは注意が必要です。これも意味といっしょに覚えましょう。

4 部首・筆順・反対語・画数などにも注意を！

　部首はまちがえやすいものが多く，漢字ごと覚えてしまうのがいちばんです。書き取りの練習のとき，正しい筆順，画数を書きながら覚えましょう。反対語についても，日ごろから注意して覚えておきましょう。いずれも「長文読解」のなかで問われることが多いので，しっかり勉強して全問正解できるようにしたいですね。

！漢字問題の

1 書き取り問題のほとんどが小学校で学習する漢字！

　この本には，過去に国公立・私立中学入試で出題された書き取り問題1500題が，出題回数順に収められています。一般に，中学入試における漢字書き取り問題はむずかしいと思われがちですが，その約94％は小学校の６年間で学習する漢字です。小学校で学習する漢字をきちんと書けることが基本なのです。まず教育漢字（1026字）をしっかり勉強したいものです。

2 漢字の読みは小学校の漢字範囲以外からも！

　「読み」の問題については，収録された600題のうち，約25％が小学校６年間で学習するもの以外からの出題です。漢字は書くよりも読むほうがやさしいので，中学で教わる漢字も出題されています。訓読みが２つ以上あるものについては，短文を作って覚えるのもいいでしょう。

中学入試用　出題ベスト10シリーズ②

これが入試に出る

漢字

解答書きこみ式

合格の2790題

声の教育社

はじめに

中学入試の国語では、漢字の読み書きなど漢字関連の問題は必ず出題され、その配点は全体のおよそ10～30％をしめるほどです。「入試ではわずか1点が合否を分ける」とよくいわれます。長文読解に比べ、努力したぶんだけ得点につながる漢字の問題を確実に得点できれば、大きく合格に近づくはずです。

この問題集は、過去に全国の中学入試で出題された漢字関連の問題を選びぬき、出題回数の多い順に並べたものとなっています。漢字の読み書きだけではなく、中学入試でとてもよく出題されることわざ・慣用句、四字熟語、反対語（対義語）、部首、画数、筆順、否定語のつく熟語の問題も収録してあります。自分の苦手な分野はできるまで練習して、ゆるぎない得点力を身につけましょう。

本書が、みなさんの合格の助けとなることを願っています。

声の教育社　編集部

漢字の学習のしかた

ステップ①
ノートに問題を解き、丸つけをする。
できた問題には✓をつけていく。

ステップ②
知らなかった語句の意味は辞書で調べ、ノートに書きとめておく。
※熟語の問題では、組み立ても考えるとさらに力がつくよ！

ステップ③
もう一度、まちがえた問題ができるようになるまでチャレンジ！

ステップ④
すべての問題に✓がついたらカンペキ！

この本の使い方

出題回数29回〜15回 ❶
❷ (10分)
得点 ❸
30

❹
6 □ 実力を十分にハッキする ★ ❺ (　　)
7 □ ほっとムネをなでおろす ☆ ❻ (　　)
❼ 女子学院・玉川学園・同志社女子ほか18校
桜蔭・国学院久我山・武庫川　ほか18校

❶ **出題回数** この回数が多いほど、よく出る漢字です。

❷ **制限時間** 示された時間以内にできるように練習しましょう。

❸ **得点** 正解数を書きこみます。満点をとれるまでくり返しましょう。

❹ **チェックらん** できた問題にはチェックを入れていくと、効率よく解きなおしができます。

❺ **星印** ☆はまちがえやすい問題、★はむずかしい問題を示しています。

❻ **解答らん** 書きこむのは入試直前の仕上げのとき！なるべく専用のノートをつくってくり返し練習しましょう。

❼ **出題された学校** 実際にこの漢字を出題したおもな学校です(学校名は出題された当時のものです)。

96ページの「漢字力判定・自己チェックらん」も活用しながら、実力を高めていきましょう。

目次

A

●入試に出やすい漢字がよくわかる

漢字の書き取り——第1回テスト

出題回数29回～15回

（10分）

得点　　／30

■次のぼう線部分のカタカナを漢字に直しなさい。

1 □政治にカンシン☆をもつ　（　　）　巣鴨・成蹊・日大・広島大附　ほか25校

2 □センモン☆家《か》にたのむ　（　　）　神奈川大附・国士舘・土佐・灘　ほか24校

3 □フシギな夢を見た　（　　）　法政大第一・岡山大附・松蔭　ほか21校

4 □石に文字をキザむ　（　　）　東京女学館・明大明治・清風　ほか20校

5 □キビ★しくしかられる　（　　）　雙葉・鎌倉女学院・立命館　ほか19校

6 □実力を十分にハッキ★する　（　　）　女子学院・玉川学園・同志社女子ほか18校

7 □ほっとムネ☆をなでおろす　（　　）　桜蔭・国学院久我山・武庫川　ほか18校

8 □とらえきれないフクザツ☆な心　（　　）　駒場東邦・早稲田・奈良学園　ほか18校

9 □カンタンにあいさつをすます　（　　）　光塩女子学院・横浜国大横浜　ほか18校

10 □コウフン★してしゃべり続ける　（　　）　日大第二・ノートルダム清心　ほか18校

11 □三年後の自分をソウゾウ☆する　（　　）　明大中野・明大中野八王子・　ほか17校

12 □ごみのスて場所にこまる　（　　）　慶応中等部・宝仙学園・親和　ほか17校

13 □キケン☆な所には近よるな　（　　）　桐蔭学園・追手門学院大手前　ほか17校

14 □何にでもキョウミをもつ　（　　）　開成・トキワ松学園・聖学院　ほか16校

15 □水面に月がウツ☆る　（　　）　日本女子大附・奈良女子大附　ほか17校

16 □個室《こしつ》にエアコンをソナえる　（　　）　学習院中等科・埼玉大附・白陵ほか16校

17 □なかなかショウチ★しない　（　　）　豊島岡女子・森村学園・同志社ほか15校

18 □イガイ☆な事実がわかった　（　　）　文京女子大・本郷・岡山白陵　ほか14校

19 □先生から読書をスス☆★められた　（　　）　品川女子学院・徳島文理・池田ほか14校

20 □図書館で本をカ☆りる　（　　）　北豊島・フェリス・関西学院　ほか14校

21 □強いインショウ☆を受ける　（　　）　穎明館・海城・福山暁の星女子ほか14校

22 □目つきのケワしい男　（　　）　学芸大世田谷・市川帝塚山学院ほか14校

23 □コロばぬ先のつえ　（　　）　恵泉女学園・山脇学園・清風　ほか13校

24 □非常にアツい雨雲　（　　）　京北・日大・和洋九段女子　ほか13校

25 □野鳥をカンサツする　（　　）　川村・獨協・愛知教育大附名古屋ほか13校

26 □コクモツの生産がふえる　（　　）　学習院中等科・東京立正・鈴鹿ほか12校

27 □頭をタ☆れる　（　　）　海城・京華・久留米大附設　ほか12校

28 □勉強のシュウカンをつけよう　（　　）　慶応湘南藤沢・三重・日向学院　ほか12校

29 □列車のオウフク☆乗車券　（　　）　日大豊山・瀧野川女子学園　ほか13校

30 □サガし物をする　（　　）　雙葉・明星女子部・香蘭女学校ほか12校

A 漢字の書き取り──第2回テスト

●入試に出やすい漢字がよくわかる

出題回数14回〜11回

（10分）

得点　／30

■次のぼう線部分のカタカナを漢字に直しなさい。

31 □**ケイケン**を積んで強くなる　（　　）　世田谷学園・日本女学館　ほか12校
32 □勝手な行動は**コマ**る　（　　）　巣鴨・早稲田・岡山白陵・土佐ほか10校
33 □**チイキ**社会に役立つ　（　　）　山手学院・富士見・大谷(京)　ほか11校
34 □赤い色に**ソ**☆める　（　　）　麻布・高知学芸・淳心学院・灘ほか10校
35 □試合を**エンキ**★する　（　　）　関東学院・成城・佐賀大附　ほか10校
36 □正しい**シセイ**で読書しよう　（　　）　慶応普通部・千葉日大第一　ほか11校
37 □これは二人の**ヒミツ**です　（　　）　嘉悦女子・高輪・富士見丘(横)　ほか10校
38 □結論を下すのは**ヨウイ**☆ではない　（　　）　開成・筑波大附駒場・早実・高知ほか9校
39 □命を**アズ**ける　（　　）　桜蔭・佼成学園女子・関西学院　ほか10校
40 □カメラを**カマ**える　（　　）　麻布・東京女学館・四天王寺　ほか10校
41 □勝利の知らせに**カンセイ**☆をあげる　（　　）　東京家政学院・雙葉・名古屋学院ほか10校
42 □**タンジュン**な仕事　（　　）　国士舘・南山女子部・清風南海　ほか10校
43 □植物の成長**カテイ**☆　（　　）　暁星・慶応普通部・芝・灘　ほか8校
44 □**ウラ**☆の畑でポチがなく　（　　）　学習院女子中等科・宮崎大附　ほか10校
45 □兄の言うことに**シタガ**う　（　　）　成蹊・金城学院・広島学院・灘ほか8校

46 □**セイケツ**★な身なり　（　　）　国学院久我山・同志社女子　ほか10校
47 □太陽の光を**ア**びる　（　　）　鎌倉女学院・幕張・高知大附　ほか9校
48 □内容を**ケントウ**☆★する　（　　）　海城・千代田女学園・広島城北　ほか9校
49 □商品の**センデン**をする　（　　）　江戸川学園取手・桐蔭学園　ほか10校
50 □子供を**タイショウ**☆にした番組　（　　）　跡見学園・調布・上宮・甲南　ほか8校
51 □秋は**テンラン**☆会の季節だ　（　　）　学芸大世田谷・攻玉社・松蔭　ほか9校
52 □父は食品会社に**ツト**☆めている　（　　）　北豊島・帝京・広島大附東雲　ほか9校
53 □生き**ノ**☆びる　（　　）　成城学園・洛南高附・清風南海　ほか9校
54 □体重が**ヘ**る　（　　）　慶応中等部・明星男子部・松蔭ほか9校
55 □自然の**コウケイ**　（　　）　海城・鷗友学園女子・高槻　ほか9校
56 □人の**ケハイ**を感じる　（　　）　郁文館・桐光学園・智辯学園　ほか8校
57 □資料を**テイキョウ**する　（　　）　大妻・吉祥女子・鳴門教育大附ほか8校
58 □デパートから品物が**トド**いた　（　　）　北豊島・聖学院・三重大附　ほか8校
59 □列を**トトノ**える　（　　）　茨城・立正・武蔵工業大付　ほか8校
60 □新しい生活に**ナ**れる　（　　）　桜美林・奈良学園・山手学院　ほか8校

A 漢字の書き取り――第3回テスト

●入試に出やすい漢字がよくわかる

出題回数11回～10回

（10分）

得点 30

■次のぼう線部分のカタカナを漢字に直しなさい。

61 □畑の土を**タガヤ**す（　　）学芸大世田谷・城北・日向学院 ほか8校

62 □身の**チヂ**む思いがする（　　）麻布・神戸女学院・池田・六甲ほか7校

63 □的を**ハズ**す（　　）武蔵・立教・大阪信愛女学院 ほか8校

64 □友人を家に**マネ**く（　　）麻布・成城・大阪女学院 ほか8校

65 □新聞紙に**ツツ**んだ駄菓子《だがし》（　　）筑波大附・日大・西南学院 ほか8校

66 □大きな**ショウガイ**を乗りこえる（　　）海城・栄光学園・日大・同志社ほか7校

67 □車両**コショウ**が発生した（　　）明大明治・横浜国大横浜・六甲ほか8校

68 □お金の**カチ**が下がる（　　）早稲田・ノートルダム女学院 ほか9校

69 □宿題を**ス**ませる（　　）瀧野川女子学園・東大寺学園 ほか9校

70 □病人を★**カンゴ**する（　　）麻布・桜蔭・高知学芸・帝塚山ほか7校

71 □不足を☆**オギナ**う（　　）京華・品川女子学院・徳島文理 ほか8校

72 □朝早く目が**サ**める（　　）日大第二・雙葉・宝仙学園 ほか8校

73 □進路について**シンコク**になやむ（　　）鎌倉学園・文教大付・立正・高知ほか7校

74 □急におなかが**イタ**くなる（　　）慶応中等部・福山暁の星女子 ほか9校

75 □一万円を**ヒロ**う（　　）雙葉・白百合学園・宮崎大附 ほか8校

76 □熱湯を**ソソ**ぐ（　　）和洋国府台女子・湘南学園 ほか8校

77 □きびしい**クチョウ**でしかる（　　）市川・神奈川大附・早実・六甲ほか6校

78 □父親の**ソンザイ**は大きい（　　）京北・目黒星美学園・智辯学園 ほか7校

79 □**コウカ**的に練習する（　　）十文字・履正社学園豊中・池田ほか7校

80 □お経《きょう》を☆**トナ**える（　　）京都教育大附京都・桃山 ほか9校

81 □よく**ニ**た姉妹《しまい》（　　）十文字・同志社香里・広島学院 ほか7校

82 □花**モヨウ**のカーテン（　　）埼玉大附・幕張・西大和学園 ほか7校

83 □**ヨクジツ**は雨だった（　　）学芸大小金井・晃華学園・愛光ほか7校

84 □親に**カンシャ**する（　　）佐野日大・巣鴨・江戸川女子 ほか7校

85 □お年寄りに手を☆**カ**す（　　）慶応普通部・和洋九段女子 ほか8校

86 □道路の**カクチョウ**工事（　　）城北・女子学院・南山女子部 ほか7校

87 □チャンスが**オトズ**れる（　　）麻布・香蘭女学校・ラ・サールほか7校

88 □湯**カゲン**をみる（　　）千代田女学園・雙葉・高槻・洛星ほか6校

89 □人工☆**エイセイ**を打ち上げる（　　）成城学園・雙葉・広島城北 ほか7校

90 □美術にふれる**キカイ**をもつ（　　）法政大第二・獨協・比治山女子ほか7校

A

●入試に出やすい漢字がよくわかる

漢字の書き取り——第4回テスト

出題回数10回〜9回

（10分）

得点　　/30

■次のぼう線部分のカタカナを漢字に直しなさい。

91 □☆ケントウはずれの方向（　　）駒場東邦・高輪・広島学院　ほか7校
92 □さばくでは水は★キチョウだ（　　）桜美林・調布・聖学院・上宮　ほか6校
93 □店のキボを大きくする（　　）東洋英和女学院・市川・池田　ほか7校
94 □石をツみ重ねる（　　）十文字・日本橋女学館・帝塚山ほか7校
95 □通信がタえる（　　）城西大城西・福山暁の星女子　ほか8校
96 □顔にキズのある男（　　）桜蔭・日大・早稲田・芦屋大附　ほか6校
97 □手間をハブく（　　）東京立正・静岡県西遠女子　ほか7校
98 □ナットクするまでやめない（　　）関東学院・上宮太子・高知学芸　ほか6校
99 □トクイな科目はなんですか（　　）日本橋女学館・和洋国府台女子ほか7校
100 □彼は★テンケイ的な日本人だ（　　）京華女子・清風・ラ・サール　ほか6校
101 □大金をツイやす（　　）武蔵・文教大付・甲南女子　ほか6校
102 □ツゴウが悪い（　　）学習院中等科・大阪青凌・六甲ほか6校
103 □文化祭のジュンビをする（　　）宝仙学園・甲陽学院・青雲　ほか6校
104 □パーティーにショウタイされる（　　）城西大城西・立教女学院　ほか7校
105 □彼の意見をシジします（　　）茨城・東京女学館・富士見丘(横)ほか6校

106 □☆ハンダンに苦しむ（　　）佼成学園・ノートルダム清心　ほか7校
107 □子供の☆カンビョウをする（　　）サレジオ学院・西南女学院　ほか7校
108 □人を☆カンシンさせる（　　）頌栄女子学院・帝京・広島城北　ほか6校
109 □社会生活をイトナむ（　　）昭和女子大昭和・佐賀大附　ほか7校
110 □☆ゼンゼンわからない（　　）日本橋女学館・土佐・土佐女子　ほか6校
111 □☆ユウビン局で切手を買う（　　）普連土学園・高知大附・高知　ほか6校
112 □竹かごをアむ（　　）武蔵・恵泉女学園・奈良学園　ほか6校
113 □牛がアバれる（　　）学芸大世田谷・明大明治・親和ほか6校
114 □売り上げを☆キョウソウする（　　）湘南学園・大阪星光学院　ほか7校
115 □☆アタタかい春の陽気（　　）穎明館・日大豊山女子・幕張　ほか6校
116 □自然ゲンショウ（　　）巣鴨・立教女学院・同志社香里ほか6校
117 □☆ココロヨい風が吹く（　　）日大第二・香川大附高松　ほか7校
118 □★ゴカイされて残念だ（　　）京北・城北・帝京・ラ・サールほか5校
119 □冷ややかなシセン（　　）東京家政大附女子・目白学園　ほか7校
120 □ジッサイにためしてみる（　　）国学院久我山・佐野日大・武蔵ほか6校

A　漢字の書き取り——第5回テスト

●入試に出やすい漢字がよくわかる

出題回数9回〜8回

（10分）

得点　/30

■次のぼう線部分のカタカナを漢字に直しなさい。

121 □いっきに**セイセキ**☆が上がる　（　　）　慶応普通部・早稲田・西南女学院ほか6校

122 □**ソウサ**のむずかしい機械　（　　）　栄光学園・桐朋・同志社　ほか6校

123 □どうか**ユル**☆してください　（　　）　東洋英和女学院・清心・愛光　ほか6校

124 □ライン川に**ソ**った美しい町なみ　（　　）　鎌倉女学院・京華・関西大第一ほか6校

125 □この**テイド**ならだいじょうぶ　（　　）　開成・ノートルダム女学院　ほか7校

126 □席を**ア**ける　（　　）　立教・戸板・日向学院　ほか6校

127 □野鳥の**ホゴ**運動　（　　）　学芸大竹早・岡山白陵・武庫川ほか6校

128 □オーケストラの**エンソウ**☆　（　　）　北豊島・京北・日大・富士見　ほか5校

129 □**ジシャク**で砂鉄を集める　（　　）　川村・東海大付浦安・フェリス　ほか5校

130 □流れに**サカ**らって泳ぐ　（　　）　日出女子学園・宮崎大附　ほか6校

131 □紅茶に**サトウ**☆を入れる　（　　）　国士舘・滋賀大附・聖母学院　ほか5校

132 □インタビューを**ココロ**みる　（　　）　淑徳・愛知淑徳・土佐　ほか5校

133 □なつかしい**コキョウ**の野山　（　　）　関東学院・法政大第二・愛光　ほか5校

134 □魚の産卵を**エイゾウ**におさめる　（　　）　国本女子・武蔵工業大付・東山ほか5校

135 □試験の**タイサク**は万全だ　（　　）　海城・富士見・大阪信愛女学院ほか5校

136 □水が**ジョウハツ**★する　（　　）　学芸大世田谷・筑波大附駒場　ほか6校

137 □第一線を**シリゾ**いた力士　（　　）　慶応普通部・目白学園・立正　ほか5校

138 □年長者を**ウヤマ**う　（　　）　城西大城西・熊本マリスト　ほか6校

139 □田舎《いなか》に**ウツ**り住む　（　　）　嘉悦女子・洗足学園大附　ほか6校

140 □怪盗《かいとう》ルパンが**アラワ**れた　（　　）　安田女子・追手門学院大手前　ほか6校

141 □遠足の計画を**ネ**る　（　　）　品川女子学院・日本女子大附　ほか6校

142 □料理の腕を**フ**★るう　（　　）　学習院女子中等科・日大豊山　ほか6校

143 □**モケイ**☆飛行機をとばす　（　　）　ヴィアトール洛星・奈良学園　ほか6校

144 □**リッパ**な体格《たいかく》　（　　）　慶応湘南藤沢・和洋国府台女子ほか6校

145 □夜道の一人歩きは**アブ**ない　（　　）　東京女子学園・英数学館・清風ほか5校

146 □スープを**アタタ**☆めておく　（　　）　お茶の水女子大附・高知大附　ほか6校

147 □手を**ア**げて答える　（　　）　日大豊山女子・静岡県西遠女子ほか6校

148 □海に**ノゾ**んだホテル　（　　）　京都教育大附京都・桃山　ほか7校

149 □安全を**カクニン**する　（　　）　女子聖学院・ラ・サール　ほか6校

150 □**ゼッタイ**に合格するぞ　（　　）　法政大第一・大阪女学院・高知ほか5校

●入試に出やすい漢字がよくわかる

A 漢字の書き取り——第6回テスト

出題回数8回〜7回　(10分)

得点　／30

■次のぼう線部分のカタカナを漢字に直しなさい。

151 □機《はた》を**オ**るツルの夢を見た　（　　）　広島大附東雲・プール学院　ほか6校
152 ★□窓から**オウライ**をながめる　（　　）　明星女子部・東京成徳短大付　ほか6校
153 ☆□**オサナ**いときの思い出　（　　）　開成・日大第三・岡山大附・灘ほか4校
154 □山に**カコ**まれた村　（　　）　武蔵・明星男子部・智辯学園　ほか5校
155 □ねこの**ヒタイ**ほどの庭　（　　）　国学院久我山・広島城北　ほか6校
156 ☆□**キュウキュウ**車のサイレン　（　　）　神奈川大附・広島女学院　ほか6校
157 ☆□朝日がのぼり**ハジ**める　（　　）　佐野日大・松蔭・芦屋大附　ほか5校
158 □仕事の**ブンタン**を決める　（　　）　北豊島・雙葉・鎌倉学園・灘　ほか4校
159 ★□手きびしく**ヒハン**される　（　　）　女子学院・久留米大附設　ほか6校
160 □**シッソ**な生活を続ける　（　　）　トキワ松学園・明星・関西学院　ほか5校
161 ☆□法の**サバ**きを受ける　（　　）　京華・山手学院・洛南高附　ほか5校
162 □天然**シゲン**にめぐまれた国　（　　）　小野学園女子・桐朋・高田　ほか5校
163 □美人で**ヒョウバン**の娘《むすめ》さん　（　　）　江戸川女子・女子聖学院　ほか5校
164 □**ムチュウ**で走る　（　　）　筑波大附・四天王寺羽曳丘　ほか5校
165 □日米間の**ボウエキ**摩擦《まさつ》　（　　）　栄光学園・追手門学院大手前　ほか5校

166 ☆□大軍を**ヒキ**いる　（　　）　東海大付浦安・長崎大附　ほか5校
167 □家族が**フ**える　（　　）　慶応中等部・松蔭・広島学院　ほか4校
168 □ひまわりの種が**ハツガ**する　（　　）　城北・川村・高槻・山手学院　ほか3校
169 ☆□学期の**ハジ**めにテストがある　（　　）　世田谷学園・愛知教育大附岡崎ほか5校
170 ☆□医学の発展に**コウセキ**があった　（　　）　成蹊・親和・履正社学園豊中　ほか4校
171 □申し出を**コトワ**る　（　　）　筑波大附・京華女子・関西学院　ほか4校
172 ☆□カゼに**キ**く薬　（　　）　学芸大小金井・帝塚山学院　ほか5校
173 ☆□柿の実が赤味を**オ**びる　（　　）　慶応中等部・捜真女学校　ほか5校
174 □少年少女**ガッショウ**団　（　　）　恵泉女学園・山手学院・愛光　ほか4校
175 □はてしない**ウチュウ**の広がり　（　　）　川村・大阪女学院・南山男子部ほか4校
176 □相手を**ウタガ**う　（　　）　学習院中等科・京都女子・灘　ほか4校
177 □**イシキ**を失ってたおれる　（　　）　東邦大東邦・穎明館・大阪青凌　ほか4校
178 ★□素直《すなお》に**アヤマ**る　（　　）　東京女学館・早稲田・四天王寺　ほか4校
179 ☆□**アツ**いお茶をのむ　（　　）　北豊島・神戸女学院・宮崎大附　ほか4校
180 □**マンゾク**気《げ》な顔をする　（　　）　立教女学院・追手門学院大手前ほか5校

A 漢字の書き取り——第7回テスト

●入試に出やすい漢字がよくわかる

出題回数7回〜6回

（10分）

得点 　／30

■次のぼう線部分のカタカナを漢字に直しなさい。

181 □親のキタイにこたえる（　　）日本橋女学館・聖母学院　ほか5校

182 □税金をオサめる ☆（　　）東京立正・帝塚山学院泉ケ丘　ほか5校

183 □学問をオサめる ☆（　　）サレジオ学院・女子学院　ほか5校

184 □ジシン満々の表情（　　）清心・千葉日大第一・愛知淑徳　ほか4校

185 □頭の中がコンランする（　　）桐蔭学園・武蔵工業大付　ほか5校

186 □病気がカイフクに向かう（　　）嘉悦女子・徳島文理・比治山女子ほか4校

187 □風に身をマカせる ☆（　　）桜蔭・文教大付・名古屋学院　ほか4校

188 □生意気なタイドをとる（　　）巣鴨・香川県大手前高松・甲南ほか4校

189 □飛行機をソウジュウする ★（　　）賢明女子学院・奈良学園　ほか5校

190 □早起きするようにツトめる ☆（　　）学習院女子中等科・金蘭千里　ほか5校

191 □母にヤサしい父（　　）鎌倉女学院・暁星・法政大第一ほか4校

192 □どれいをカイホウする ☆（　　）慶応中等部・女子聖学院・獨協ほか4校

193 □きずをナオす ☆（　　）白百合学園・青雲・金光学園　ほか4校

194 □大きく息をスう（　　）東邦大東邦・千葉日大第一　ほか5校

195 □ヨウリョウよく話をする（　　）鎌倉女学院・女子学院・愛光　ほか4校

196 □外国から原油をユニュウする（　　）慶応中等部・北豊島・ラ・サールほか4校

197 □家をルスにする（　　）麻布・北豊島・福山暁の星女子ほか4校

198 □本の表紙がソり返る ★（　　）芝・東海大付浦安・幕張　ほか4校

199 □日本列島ジュウダンの旅 ★（　　）女子学院・甲南・淳心学院　ほか3校

200 □思わずず目をソムける ☆（　　）攻玉社・芝・成城・桐朋　ほか2校

201 □新刊書をシュッパンする（　　）玉川学園・池田・プール学院　ほか3校

202 □セのびをする（　　）東邦大東邦・履正社学園豊中　ほか4校

203 □家をタてる（　　）嘉悦女子・戸板・金城学院　ほか3校

204 □古都をタズねる ☆（　　）山脇学園・立教女学院・灘　ほか3校

205 □物質の特性をタシかめる（　　）穎明館・学芸大小金井・竹早　ほか3校

206 □議会で書記をツトめる ☆（　　）サレジオ学院・広島大附東雲　ほか4校

207 □あざやかな色のタイショウ ☆（　　）昭和女子大昭和・名古屋学院　ほか4校

208 □世界的にミトめられた音楽家（　　）成城・神戸女学院・比治山女子ほか3校

209 □木でハナをくくる（　　）北豊島・東山・香川大附高松　ほか3校

210 □商品のバイバイに立ちあう（　　）瀧野川女子学園・南山女子部　ほか4校

A 漢字の書き取り――第8回テスト

●入試に出やすい漢字がよくわかる

出題回数　6回

（10分）

得点　　／30

■次のぼう線部分のカタカナを漢字に直しなさい。

211 □責任をハたす　（　　）　郁文館・学習院女子中等科　ほか4校
212 □川の流れにチりゆく花びら　（　　）　東洋英和女学院・千葉日大第一　ほか4校
213 □学校をホウモンする ☆　（　　）　横浜国大横浜・日大第二・土佐　ほか3校
214 □人権をホショウする ☆　（　　）　穎明館・高槻・西南女学院　ほか3校
215 □一年間ホショウつきの品 ☆　（　　）　麻布・明大中野八王子　ほか4校
216 □美術品のテンジ　（　　）　東京女子学院・成城・目白学園　ほか3校
217 □チシキ人による討論番組　（　　）　鎌倉女学院・芝浦工業大　ほか4校
218 □成功するのはトウゼンだ　（　　）　久留米大附設・ラ・サール　ほか4校
219 □せんたくものをホす　（　　）　淑徳・調布・雙葉・高知学芸　ほか2校
220 □桜のミキによじのぼる　（　　）　森村学園・早稲田・広島女学院　ほか3校
221 □マじり気《け》のない気持ち ☆　（　　）　佼成学園・桐蔭学園・四天王寺　ほか3校
222 □これはムズカしい問題だ　（　　）　吉祥女子・京華女子・滋賀大附　ほか3校
223 □事件のシンソウをつかむ　（　　）　国学院久我山・高槻・白陵　ほか3校
224 □バッファローのムれが去《さ》る ☆　（　　）　穎明館・三輪田学園・日向学院　ほか3校
225 □プログラムをスる　（　　）　関東学院・日大豊山女子・池田　ほか3校

226 □特別な時間をモウける　（　　）　頌栄女子学院・同志社香里　ほか4校
227 □生活をササえる物資《ぶっし》　（　　）　学芸大竹早・実践女子学園　ほか4校
228 □文集に作品をオサめる ☆　（　　）　芝・雙葉・金蘭千里・洛南高附　ほか2校
229 □中学生としてのジカクをもつ　（　　）　佐野日大・穎明館・広島城北　ほか3校
230 □時間をエンチョウする　（　　）　武蔵工業大付・上宮・聖徳学園　ほか3校
231 □山のイタダキに立つ　（　　）　晃華学園・巣鴨・広島女学院　ほか3校
232 □昆虫《こんちゅう》サイシュウに行く ☆　（　　）　佼成学園女子・南山男子部　ほか4校
233 □サイバンで無罪になる　（　　）　国士舘・桐蔭学園・西南学院　ほか3校
234 □イキオいよく走り出す　（　　）　穎明館・捜真女学校・日向学院　ほか3校
235 □アヤマりに気がつく　（　　）　筑波大附駒場・明大明治・甲南　ほか3校
236 □虫めがねでカクダイして見る　（　　）　東京女学館・雙葉・南山女子部　ほか3校
237 □底をコンクリートでカタめる　（　　）　大妻・慶応普通部・高知大附　ほか3校
238 □バイオリンをカナでる　（　　）　安田学園・立教・帝塚山学院　ほか3校
239 □なりふりカマわず働く　（　　）　慶応普通部・洛星・愛光　ほか3校
240 □文章はカンケツに書きなさい ★　（　　）　東京家政学院・聖学院・白陵　ほか3校

A 漢字の書き取り——第9回テスト

●入試に出やすい漢字がよくわかる

出題回数6回〜5回

(10分)

得点 30

■次のぼう線部分のカタカナを漢字に直しなさい。

241 □遠方からの客を☆カンタイする（　）明大明治・日大第一・幕張　ほか3校
242 □商品のカンリをする（　）北豊島・武蔵・甲陽学院・東山ほか2校
243 □作業工程のキカイ化が進む（　）開成・学習院中等科・岡山大附　ほか3校
244 □食料をキョウキュウする（　）調布・千代田女学園・奈良学園　ほか3校
245 □試合の途《と》中《ちゅう》ケイカを伝える（　）学習院中等科・甲南・高槻　ほか3校
246 □ケッキョク間に合わなかった（　）大妻・富士見・広島城北　ほか3校
247 □ケッコウなお味です（　）明星女子部・ヴィアトール洛星ほか4校
248 □☆コウシュウ電話（　）栄光学園・湘南学園・西南女学院ほか3校
249 □君とは全く意見がコトなる（　）日大第二・聖学院・広島大附　ほか3校
250 □人から過大ヒョウカされる（　）国学院久我山・戸板・広島女学院ほか3校
251 □畑にヤサイの種《たね》をまく（　）獨協・桐蔭学園・宮崎大附　ほか3校
252 □ヤサしい問題から解く（　）京華・実践女子学園・佐賀大附　ほか3校
253 □シンゾウに持《じ》病《びょう》がある（　）法政大第一・獨協・聖光学院　ほか3校
254 □シンピ的な美しさの湖（　）学芸大世田谷・横浜国大横浜　ほか4校
255 □柱を☆スイチョクに立てる（　）日大豊山・目白学園・清風南海　ほか3校

256 □母のスガタを思いうかべる（　）桜蔭・早稲田・関西学院　ほか3校
257 □会社のギョウセキをあげる（　）横浜共立学園・愛知淑徳・高槻ほか3校
258 □ジッセキを買われ再就職《しゅうしょく》する（　）東京女学館・池田・ラ・サールほか3校
259 □勉強のノウリツをあげる（　）世田谷学園・明星女子部　ほか4校
260 □ごちそうを食べソコなう（　）慶応普通部・三輪田学園　ほか4校
261 □年賀状をインサツする（　）学習院中等科・攻玉社・修道　ほか2校
262 □寒暖の差が★イチジルしい（　）芝浦工業大・目黒星美学園　ほか3校
263 □世界の文化★イサン（　）城北・関東学院・和洋九段女子ほか2校
264 □★目的地はアンガイ近かった（　）戸板・大阪女学院・佐賀大附　ほか2校
265 □アヤツり人形（　）日大豊山・フェリス・立教　ほか2校
266 □アナがあったら入りたい（　）トキワ松学園・藤村女子・土佐ほか2校
267 □熊がきずをオう（　）吉祥女子・桐朋・甲南・六甲　ほか1校
268 □スタートのアイズをつける笛《ふえ》（　）江戸川女子・江戸川学園取手　ほか3校
269 □はっきりと顔をオボえる（　）日大第二・香川大附高松　ほか3校
270 □霧《きり》が晴れてシカイがひらける（　）駒場東邦・桐蔭学園・高知学芸　ほか2校

A

●入試に出やすい漢字がよくわかる

漢字の書き取り——第10回テスト

出題回数　5回

（10分）

得点　／30

■次のぼう線部分のカタカナを漢字に直しなさい。

271 □教員の**シカク**をとる（　　）関東学院・岡山白陵・甲陽学院　ほか2校

272 □オーケストラの☆**シキ**者（　　）学芸大世田谷・大阪女学院　ほか3校

273 □日本**コユウ**の領土（　　）開成・東京家政学院・ラ・サールほか2校

274 □**コンナン**に立ち向かう（　　）成城・山手学院・広島学院　ほか2校

275 □歴史の☆**コウギ**に出席する（　　）慶応中等部・洛南高附　ほか3校

276 □丸々と**コ**えた猫《ねこ》（　　）城北・淳心学院・幕張　ほか2校

277 □**カンネン**的な物の見方（　　）学習院中等科・巣鴨・池田・灘　ほか1校

278 □**エイヨウ**価《か》の高い食物（　　）日大豊山・関西第一　ほか3校

279 □市長に★**シュウニン**する（　　）城北・明大中野八王子　ほか3校

280 □作品を**シュシャ**選択する（　　）国士舘・玉川学園・目白学園　ほか2校

281 □自分の**シュチョウ**を曲げない（　　）女子学院・捜真女学校・聖学院ほか2校

282 □☆**ジュンシン**な心の持ち主（　　）茨城・帝京・広島女学院　ほか2校

283 □**ショウサン**の拍手《はくしゅ》を送る（　　）茨城・玉川学園・東邦大東邦　ほか2校

284 □**チュウコク**がましいことを言う（　　）日大・雙葉・帝塚山・三重大附　ほか1校

285 □かんがい用の**チョスイ**池《ち》（　　）戸板・明星男子部・山手学院　ほか2校

286 □オリンピックの**タイソウ**競技（　　）吉祥女子・法政大第二・聖学院ほか2校

287 □ごみ**ショリ**問題を考える（　　）西大和学園・六甲・高知学芸　ほか2校

288 □車が外で**タイキ**している（　　）東洋英和女学院・広島女学院　ほか3校

289 □不用なものを☆**シマツ**する（　　）国学院久我山・和洋国府台女子ほか3校

290 □海外旅行で**シヤ**がひろがる（　　）嘉悦女子・サレジオ学院　ほか3校

291 □今年の夏は☆**アツ**かった（　　）桜蔭・戸板・神戸女学院　ほか2校

292 □複雑な時代**ハイケイ**（　　）京北・法政大第一・比治山女子ほか2校

293 □水の深さを☆**ハカ**る（　　）北豊島・穎明館・帝塚山学院　ほか2校

294 □心身の**ハッタツ**（　　）慶応普通部・追手門学院大手前ほか3校

295 □きのうの**バン**は寒かった（　　）川村・関西学院・広島城北　ほか2校

296 □**ハンシャ**的に身をかわす（　　）晃華学園・大阪女学院・松蔭　ほか2校

297 □機械を**テンケン**する（　　）白百合学園・佼成学園女子　ほか3校

298 □**テンコウ**は晴れのちくもり（　　）海城・明大中野八王子・池田　ほか2校

299 □**デントウ**的に野球の強い学校（　　）川村・高輪・森村学園・灘　ほか1校

300 □将来への**テンボウ**がひらける（　　）慶応普通部・桐朋・長崎大附　ほか2校

A ●入試に出やすい漢字がよくわかる
漢字の書き取り——第11回テスト

出題回数 5回
（10分）
得点 /30

■次のぼう線部分のカタカナを漢字に直しなさい。

301 □**ミチ**の世界（　　） 学芸大世田谷・明治学院 ほか3校
302 □いやなことは**ワス**れよう（　　） 学芸大小金井・捜真女学校 ほか3校
303 □☆**ムゾウサ**にくつをぬぐ（　　） 駒場東邦・佐野日大・城北・灘 ほか1校
304 □**ムリ**のない学習計画（　　） 法政大第一・英数学館・親和 ほか2校
305 □事故を**フセ**ぐ（　　） 小野学園女子・穎明館・甲南 ほか2校
306 □燃料を**ホキュウ**する（　　） 佐野日大・目白学園・愛光・六甲 ほか1校
307 □作品を**ヒヒョウ**する（　　） 世田谷学園・雙葉・同志社香里 ほか2校
308 □手先の**キヨウ**な人（　　） 鎌倉女学院・国学院久我山 ほか3校
309 □アフリカの**キコウ**文を書く（　　） 小野学園女子・甲陽学院・松蔭 ほか2校
310 □詩を★**ロウドク**する（　　） 慶応普通部・佼成学園女子 ほか3校
311 □公共の**リエキ**（　　） 晃華学園・追手門学院大手前 ほか3校
312 □弁解の**ヨチ**がない（　　） 岡山白陵・甲陽学院・洛南高附 ほか2校
313 □あたえられた**ヤクワリ**をはたす（　　） 桜美林・日大第三・高知学芸 ほか2校
314 □時間を**ユウコウ**に使う（　　） 学習院中等科・高輪・甲陽学院 ほか2校
315 □書店で**ハタラ**く（　　） 英数学館・智辯学園・南山 ほか2校

316 □★**シンケン**に考えなさい（　　） 早実・四天王寺羽曳丘・松蔭 ほか2校
317 □天地☆**ソウゾウ**（　　） 淑徳・岡山白陵・土佐女子 ほか2校
318 □水分を**キュウシュウ**する（　　） 学習院女子中等科・東京女学館 ほか3校
319 □**ニモツ**を二階へあげる（　　） 淑徳・洗足学園大附・武庫川 ほか2校
320 □さくらの枝《えだ》を**オ**る（　　） 富士見・静岡県西遠女子 ほか3校
321 □地球の**オンダン**化現象（　　） 学習院中等科・城北・親和 ほか2校
322 □どちらの方向に進むか**マヨ**う（　　） 山手学院・ノートルダム清心 ほか3校
323 □政治の★**サッシン**をはかる（　　） 江戸川女子・佼成学園・幕張 ほか2校
324 □コーヒーが**サ**める（　　） 実践女子学園・立教・高知学芸 ほか2校
325 □勉強に**センネン**する（　　） 駒場東邦・奈良学園・ラ・サール ほか2校
326 □生活するのが**ベンリ**になった（　　） 愛知教育大附名古屋・宮崎大附 ほか3校
327 □他人のあやまちを**セ**めるな（　　） 学習院中等科・サレジオ学院 ほか3校
328 □**ゾウキ**林の下にさく花（　　） 鎌倉女学院・富士見・日大・甲南 ほか1校
329 □ブームに★**ビンジョウ**した商品（　　） 日本橋女学館・明大明治・高槻 ほか2校
330 □練習の**セイカ**を見せる（　　） 上宮・岡山白陵・広島学院・灘 ほか1校

A 漢字の書き取り——第12回テスト

●入試に出やすい漢字がよくわかる

出題回数5回～4回　（10分）

得点　/30

■次のぼう線部分のカタカナを漢字に直しなさい。

331 □技《わざ》を**キソ**う（　）目黒星美学園・早稲田・聖学院ほか2校
332 □**ズジョウ**の葉が風にそよぐ（　）嘉悦女子・香蘭女学校・日大ほか2校
333 □すぐれた**ズノウ**の持ち主（　）跡見学園・富士見・広島学院ほか2校
334 □人々を安全な場所に**ミチビ**く（　）京華・トキワ松学園・日向学院ほか2校
335 □**キオク**にないできごと★☆（　）淑徳・明治学院・富士見丘(横)ほか2校
336 □花びんをつくえの上に**オ**く（　）早稲田・大阪星光学院・帝塚山ほか2校
337 □**カギ**りなく広がる水平線（　）明星女子部・白陵・岡山大附ほか2校
338 □無実の**ツミ**におとしいれる☆（　）和洋国府台女子・同志社女子ほか3校
339 □**チュウモン**の多い料理店（　）昭和女子大昭和・比治山女子ほか3校
340 □危険な**ジョウタイ**をきりぬける（　）川村・捜真女学校・四天王寺ほか2校
341 □人間国宝を特集した**ザッシ**（　）学習院女子中等科・東京立正ほか3校
342 □他の会社の役員を**カ**ねる★（　）東京女学館・攻玉社・西南学院ほか2校
343 □井戸水の**ケンサ**をおこなう（　）小野学園女子・京華女子・巣鴨ほか2校
344 □山でキノコを**ト**る☆（　）頌栄女子学院・鳴門教育大附ほか3校
345 □**ク**らしにくい世の中（　）東京家政学院・英数学館ほか3校

346 □実験の結果を**ホウコク**する（　）北豊島・佐賀大附・ラ・サールほか1校
347 □テレビの**ホウドウ**番組を見る（　）学芸大竹早・佼成学園女子ほか2校
348 □うわさを**ヒテイ**する（　）昭和女子大昭和・十文字ほか2校
349 □手紙を**ハイタツ**する（　）小野学園女子・日向学院ほか2校
350 □**ハッテン**する企《き》業《ぎょう》（　）開成・ノートルダム清心ほか2校
351 □**ハ**てしなく広がる大平原（　）京華女子・実践女子学園ほか2校
352 □人前で大声を出して**ナ**く（　）東京家政学院・宮崎大附ほか2校
353 □**ナマイキ**ざかりの子供（　）早実・ノートルダム清心ほか2校
354 □石炭・石油などの**ネンリョウ**（　）賢明女子学院・香川大附坂出ほか2校
355 □彼女の姿を**ノウリ**にやきつける★（　）江戸川女子・立教女学院ほか2校
356 □よけいなものを取り**ノゾ**く（　）日本橋女学館・高知学芸ほか2校
357 □長い年月を**ヘ**る（　）学習院女子中等科・日大第一ほか2校
358 □はるかなる山の**ツラ**なり（　）日本女子大附・香川大附坂出ほか2校
359 □反対運動の**ショメイ**を集める★（　）栄光学園・日大豊山女子ほか2校
360 □自らの**シメイ**をはたす（　）穎明館・慶応普通部・池田ほか1校

A　漢字の書き取り――第13回テスト

●入試に出やすい漢字がよくわかる

出題回数　4回

（10分）

得点　／30

■次のぼう線部分のカタカナを漢字に直しなさい。

361 □シュウイを見まわす（　　　）神奈川大附・千葉日大第一　ほか2校
362 □日本国ケンポウ（　　　）学習院女子中等科・西南女学院ほか2校
363 □気象カンソク船にのる（　　　）山脇学園・山手学院・高知学芸　ほか1校
364 □ノートを二、三サツ買う（　　　）日本女子大附・立教・洛星　ほか1校
365 □★カッコウの悪い着物（　　　）駒場東邦・目黒星美学園　ほか2校
366 □実現カノウな計画（　　　）学習院中等科・法政大第一　ほか2校
367 □会話をカわす（　　　）京華女子・桐光学園　ほか2校
368 □無事の知らせにみな★カンキした（　　　）攻玉社・東海大付浦安・聖学院ほか1校
369 □君の考え方にはサンセイだ（　　　）神奈川大附・高知・宮崎大附　ほか1校
370 □ザンネンだが時間切れだ（　　　）東京家政大附女子・佐野日大　ほか2校
371 □地球の☆★カンキョウ問題（　　　）恵泉女学園・履正社学園豊中　ほか2校
372 □公園へサンポに出かける（　　　）佐野日大・高知学芸・鈴鹿　ほか1校
373 □あれこれシアンをめぐらす（　　　）玉川学園・南山女子部・池田　ほか1校
374 □立方体のテンカイ図をかく（　　　）鎌倉女学院・大阪女学院　ほか2校
375 □事態の☆★シュウシュウがつかない（　　　）江戸川女子・久留米大附設　ほか2校

376 □こわれたところをシュウリする（　　　）安田学園・山手学院・目白学園　ほか1校
377 □桃《もも》の実がジュクす（　　　）駒場東邦・法政大第一　ほか2校
378 □自己☆ショウカイをしてください（　　　）関東学院・佐野日大・法政大第二ほか1校
379 □研究★リョウイキをひろげる（　　　）江戸川学園取手・同志社女子　ほか2校
380 □リンジ列車を増発する（　　　）大阪星光学院・川村・金光学園　ほか1校
381 □建物がヤけ落ちる（　　　）東邦大東邦・西南学院　ほか2校
382 □東京湾《わん》を一周する★ユウラン船（　　　）江戸川学園取手・淳心学院　ほか2校
383 □選挙の結果をヨソウする（　　　）富士見・香川大附坂出・親和　ほか1校
384 □芝居《しばい》のマクがあく（　　　）捜真女学校・立教女学院　ほか2校
385 □首にマフラーを★マく（　　　）十文字・筑波大附・甲陽学院　ほか1校
386 □シュフとして家をきりもりする（　　　）日大第三・富士見・四天王寺　ほか1校
387 □★ジュヨウと供給のバランス（　　　）聖母学院・奈良学園・文教大付　ほか1校
388 □ジュクレンを要する仕事（　　　）明大明治・立正・南山女子部　ほか1校
389 □災害についての新しいジョウホウ（　　　）女子学院・早実・広島学院　ほか1校
390 □ショウライの希望（　　　）武蔵工業大付・高知学芸　ほか2校

●入試に出やすい漢字がよくわかる

A 漢字の書き取り——第14回テスト

出題回数 4回

（10分）

得点　　／30

■次のぼう線部分のカタカナを漢字に直しなさい。

391 □マドから外をながめる　（　　）　獨協・戸板・同志社女子　ほか1校

392 □ミジュクな腕前《うでまえ》　（　　）　神奈川大附・関東学院・土佐　ほか1校

393 ★□親の恩にムクいる　（　　）　品川女子学院・帝塚山学院　ほか2校

394 □早くメを出せ柿の種　（　　）　普連土学園・獨協・甲南　ほか1校

395 □交通ルールをムシする　（　　）　穎明館・開成・四天王寺　ほか1校

396 □うしろからフイに声をかける　（　　）　桜蔭・清風南海・広島城北　ほか1校

397 ☆□メイロウ活発《かっぱつ》な少年　（　　）　栄光学園・横浜国大横浜　ほか2校

398 □モえるような紅葉　（　　）　晃華学園・名古屋学院・白陵　ほか1校

399 □フウケイ画をかべにかける　（　　）　佼成学園女子・清風・森村学園　ほか1校

400 ☆□武家屋敷《ぶけやしき》をフクゲンする　（　　）　佼成学園・成蹊・清風・高槻

401 □フタタび委員に選ばれる　（　　）　埼玉大附・佐賀大附・甲南　ほか1校

402 □フタンを軽くする　（　　）　大妻・立教・追手門学院大手前　ほか1校

403 □海ではたらくリョウシ　（　　）　学芸大小金井・高知学芸・親和　ほか1校

404 ★□列車事故のフッキュウ作業　（　　）　学習院女子中等科・関西大第一　ほか2校

405 □進学のソウダンに応じる　（　　）　英数学館・清心・土佐女子　ほか1校

406 ☆□その地方ドクトクの言葉　（　　）　学芸大小金井・世田谷学園　ほか2校

407 □内閣をソシキする　（　　）　鎌倉女学院・世田谷学園　ほか2校

408 □ほにゅう類にゾクする動物　（　　）　横浜国大横浜・佼成学園・本郷　ほか1校

409 □タンニンの先生　（　　）　桜美林・吉祥女子・関西学院　ほか1校

410 □目標をタッセイする　（　　）　京華女子・佐野日大・安田学園　ほか1校

411 □南極タンケンに出発する　（　　）　佐賀大附・親和・南山男子部　ほか1校

412 □人々の動きをチュウシする　（　　）　獨協・土佐・日本女子大附　ほか1校

413 □チョウカンの大見出し　（　　）　京北・晃華学園・帝塚山　ほか1校

414 □被害の大きさをチョウサする　（　　）　目黒星美学園・明星女子部　ほか2校

415 ☆□食料をチョゾウする　（　　）　桐朋・明大明治・広島城北　ほか1校

416 □チョッケイ十センチの円　（　　）　宝仙学園・四天王寺・修道　ほか1校

417 □言いワケをするな　（　　）　郁文館・山手学院・洛星　ほか1校

418 ☆□カイテキなくらし　（　　）　学習院女子中等科・聖学院　ほか2校

419 □人員をカクホする　（　　）　国本女子・巣鴨・佼成学園　ほか1校

420 □テキセツな表現　（　　）　鎌倉女学院・世田谷学園　ほか2校

A　漢字の書き取り――第15回テスト

●入試に出やすい漢字がよくわかる

出題回数　4回

（10分）

得点　／30

■次のぼう線部分のカタカナを漢字に直しなさい。

421 □ **テイシ**線で車がとまる（　　）トキワ松学園・広島女学院　ほか2校
422 □ バスの**テイリュウ**所（　　）淳心学院・西南学院・奈良学園　ほか1校
423 □ **テキ**の城にしのびこむ（　　）日大第三・武蔵野女子学院　ほか2校
424 □ ☆**テキカク**な判断（　　）桐蔭学園・追手門学院大手前　ほか2校
425 □ 小説の**トウジョウ**人物（　　）攻玉社・東海・佐賀大附　ほか1校
426 □ 外国人**トクユウ**の話し方（　　）京華女子・聖母女学院・親和　ほか1校
427 □ **センレン**された着こなし（　　）雙葉・東大寺学園・甲陽学院　ほか1校
428 □ **セイゲン**速度を守る（　　）成城・帝京・追手門学院大手前　ほか1校
429 □ **セツビ**のととのった学校（　　）桐蔭学園・山手学院・土佐　ほか1校
430 □ 独立を**センゲン**する（　　）頌栄女子学院・関西大第一　ほか2校
431 □ **センゾ**伝来の名刀（　　）駒場東邦・学習院中等科・洛星　ほか1校
432 □ バス☆**センヨウ**の道路（　　）明星女子部・広島学院・高輪　ほか1校
433 □ ★**ジュウオウ**に走る水路（　　）玉川学園・サレジオ学院　ほか2校
434 □ 大**シキュウ**金送れ（　　）文教大付・淳心学院・白陵　ほか1校
435 □ 仕事に**シショウ**をきたす（　　）江戸川学園取手・明星男子部　ほか2校

436 □ くわしく**ジジョウ**を話す（　　）東京成徳短大付・女子聖学院　ほか2校
437 □ **カンバン**にいつわりあり（　　）幕張・履正社学園豊中・高槻　ほか1校
438 □ 彼を委員に☆**オ**す（　　）攻玉社・東京女学館・清風南海　ほか1校
439 □ 国家を☆**オサ**める（　　）北豊島・神戸女学院・立正　ほか1校
440 □ たしかに**ウケタマワ**りました（　　）慶応中等部・日大豊山女子　ほか2校
441 □ **イデンシ**の組みかえ実験（　　）巣鴨・同志社香里・同志社女子　ほか1校
442 □ 京都をへて大阪に**イタ**る（　　）学習院女子中等科・日向学院　ほか2校
443 □ **イジョウ**なほど雨の多い年（　　）恵泉女学園・奈良学園　ほか2校
444 □ **イサ**ましい姿（　　）巣鴨・山手学院・熊本マリスト　ほか1校
445 □ 規則を**アラタ**める（　　）目白学園・広島学院・滋賀大附　ほか1校
446 □ 夜が**ア**ける（　　）嘉悦女子・横浜英和女学院　ほか2校
447 □ **キコウ**温暖な瀬戸内海沿岸（　　）大阪青凌・南山男子部・武庫川　ほか1校
448 □ 死ぬか生きるかの**キキ**（　　）淳心学院・文教大付・ラ・サール　ほか1校
449 □ ★**エンゲキ**の発表会に出かける（　　）学芸大世田谷・穎明館・京北・城北
450 □ 生きる**キボウ**を見いだす（　　）桜蔭・東海・香川大附坂出　ほか1校

A 漢字の書き取り ――第16回テスト

●入試に出やすい漢字がよくわかる

出題回数4回〜3回

（10分）

得点　/30

■次のぼう線部分のカタカナを漢字に直しなさい。

451 □音楽のキホンを学ぶ（　　）鎌倉女学院・日大豊山女子　ほか2校

452 □キミの悪い笑いをうかべる（　　）慶応湘南藤沢・聖学院・愛光　ほか1校

453 □学問の真理を☆★キュウメイする（　　）攻玉社・成城学園・玉川学園　ほか1校

454 □体のグアイが悪い（　　）国学院久我山・大阪星光学院　ほか2校

455 □職業クンレン所（　　）北豊島・芝・東洋英和女学院　ほか1校

456 □不思議な自然ゲンショウ（　　）学習院中等科・日大第一　ほか2校

457 □大西洋をコウカイする（　　）学習院女子中等科・広島女学院ほか2校

458 □書いた小説がコウヒョウをえる（　　）神戸女学院・帝塚山・愛知淑徳　ほか1校

459 □燃焼★コウリツのよいエンジン（　　）市川・慶応中等部・関東学院・佼成学園

460 □人工コキュウをほどこす（　　）筑波大附駒場・芝浦工業大　ほか2校

461 □立ち入らぬよう★ケイコクする（　　）東海大付浦安・山脇学園　ほか2校

462 □人の命をスクう（　　）北豊島・調布・女子聖学院　ほか1校

463 □消化キノウがおとろえる（　　）愛知教育大附岡崎　ほか3校

464 □スコやかに育つ（　　）穎明館・東京女学館・フェリス　ほか1校

465 □コライより受けついだ作法《さほう》（　　）十文字・大阪星光学院・聖学院・灘

466 □キカクはずれの人物（　　）学習院女子中等科　ほか3校

467 □計画の中止を☆シジする（　　）茨城・女子学院・大阪星光学院ほか1校

468 □何をやってもブキヨウな人（　　）恵泉女学園・和洋国府台女子　ほか2校

469 □あまりの暑さに☆ヘイコウする（　　）立教女学院・同志社女子・白陵ほか1校

470 □赤ちゃんに歯がハえはじめる（　　）関西学院・甲南・松蔭

471 □先生から資料を★ハイシャクする（　　）明大明治・幕張・帝塚山

472 □バンシュウのさびしい風景（　　）川村・法政大第二・大阪星光学院

473 □ぶつぶつヒトりごとをいう（　　）洛星・洛南高附　ほか1校

474 □戦場から★☆ヒナンする（　　）同志社女子・白陵・広島大附東雲

475 □苦情の多さにヒメイをあげる（　　）日大・女子聖学院・プール学院

476 □なにげなく見スごす（　　）十文字・世田谷学園・長崎大附

477 □スジのとおった話（　　）十文字・東邦大東邦・フェリス

478 □☆スミやかに行動する（　　）桐朋・明大明治・目黒星美学園

479 □キンセイのとれた体（　　）玉川学園・フェリス・南山女子部

480 □キンゾクでできた皿（　　）学習院中等科・甲南女子・松蔭

A 漢字の書き取り──第17回テスト

●入試に出やすい漢字がよくわかる●

出題回数 3回

（10分）

得点 　/30

■次のぼう線部分のカタカナを漢字に直しなさい。

481 □人をアンジにかける（　）安田学園・同志社女子・西大和学園

482 □休日シュッキンをなくそう（　）駒場東邦・清心・甲陽学院

483 □試合は雨のため★ジュンエンです（　）国士舘・女子学院・桐朋

484 □ジョウキ機関車に乗る（　）栄光学園・清風南海・西南女学院

485 □病気は★ショウコウ状態にある（　）明大明治・フェリス・東大寺学園

486 □ジョウシキのない人（　）法政大第二・ラ・サール・立命館

487 □ショクバを明るくしよう（　）学習院中等科・東洋英和女学院ほか1校

488 □★シンキョウが変化する（　）学習院女子中等科・巣鴨・明治学院

489 □危険をサッチする（　）埼玉大附・東京家政学院・明大明治

490 □サッソクお電話いたします（　）国学院久我山・日大第二・同志社女子

491 □大きさをクラべる（　）京北・広島大附東雲・岡山大附

492 □いやな話はケイエンする（　）玉川学園・甲南女子・履正社学園豊中

493 □新聞のケイザイ面を読む（　）世田谷学園・山手学院・大阪星光学院

494 □ドリョクをおしまない（　）京華女子・ノートルダム女学院ほか1校

495 □文章をナオす（　）筑波大附駒場・日大・甲南

496 □ナゴやかな会場のふんい気（　）桐朋・聖徳学園・金蘭千里

497 □実のところ水泳はニガテだ（　）獨協・修道・福山暁の星女子

498 □庭をそうじするのがニッカです（　）共立女子・淑徳・履正社学園

499 □野球の試合のニュウジョウケン（　）京華女子・雙葉・湘南学園

500 □とてもネウちのある絵（　）山手学院・追手門学院大手前ほか1校

501 □ネットウをコップにそそぐ（　）フェリス・帝塚山・広島城北

502 □寒いキセツになりました（　）暁星・安田学園・帝塚山

503 □学校のキソクを守る（　）北豊島・佼成学園女子・聖母女学院

504 □おしげもなく金をキフする（　）帝京・親和白陵

505 □仕事をする気もオこらない（　）千葉日大第一・安田学園ほか1校

506 □貴重なキョウクンをえる（　）跡見学園・甲南・聖母女学院

507 □キョウコな意志（　）学習院女子中等科・甲南・芝

508 □キョウチョウ性のある人物（　）本郷・立教甲南

509 □入学をキョカする（　）穎明館・小野学園女子・高知学芸

510 □戦争のキロク映画（　）東京家政大附女子・岡山白陵ほか1校

A 漢字の書き取り——第18回テスト

●入試に出やすい漢字がよくわかる●

出題回数 3回　（10分）　得点 ／30

■次のぼう線部分のカタカナを漢字に直しなさい。

511 □人前をムゴンのまま通り過ぎる　（　　　　）　名古屋学院・西大和学園　ほか１校
512 □内容をメイカクにする　（　　　　）　白百合学園・安田女子・甲南女子
513 □松島は天下の☆メイショウ地だ　（　　　　）　幕張・帝塚山甲南
514 □モンクなしにおいしい料理　（　　　　）　神奈川大附・獨協・香蘭女学校
515 □☆ブアツい教科書　（　　　　）　江戸川女子・奈良学園・長崎大附
516 □不満をハッサンさせる　（　　　　）　北豊島・和洋九段女子・賢明女子学院
517 □薬の☆フクサヨウが心配だ　（　　　　）　品川女子学院・桐朋・幕張
518 □つめを切らないのは★フケツだ　（　　　　）　巣鴨・桐光学園・甲陽学院
519 □☆フフクそうな顔をするなよ　（　　　　）　学習院女子中等科・調布　ほか１校
520 □雪のフらない地方　（　　　　）　栄光学園・駒場東邦・香蘭女学校
521 □赤い羽根の☆ガイトウ募金《ぼきん》　（　　　　）　城北・関西第一・高知学芸
522 □イトした通りにことがはこぶ　（　　　　）　芝・池田奈良学園
523 □カイドウの松なみ木　（　　　　）　フェリス・同志社女子・大阪星光学院
524 □日曜日に校庭を☆カイホウする　（　　　　）　栄光学園・鎌倉学園・文教大付
525 □家業を★ホコりに思う　（　　　　）　芝浦工業大・白百合学園・三輪田学園

526 □目にも☆トまらぬ早わざ　（　　　　）　藤村女子・愛光・甲南
527 □イヨウな身なりの男　（　　　　）　池田・洛南高附・ラ・サール
528 □ウラギりはゆるされない　（　　　　）　吉祥女子・明星女子部　ほか１校
529 □スイテイ年齢《ねんれい》四十歳　（　　　　）　駒場東邦・上宮・土佐
530 □通りの☆ガイトウのうす明かり　（　　　　）　白百合学園・藤村女子・大阪星光学院
531 □ヘイキンより背が高い　（　　　　）　穎明館・芝浦工業大・明星女子部
532 □ネンいりに調べる　（　　　　）　日大・芦屋大附・甲陽学院
533 □悪党をオいはらう　（　　　　）　トキワ松学園・明星女子部　ほか１校
534 □先生に★エシャクする　（　　　　）　慶応中等部・東京女学館・関西大第一
535 □東京湾のエンガン　（　　　　）　昭和女子大昭和・高知学芸　ほか１校
536 □私鉄エンセンに住む　（　　　　）　栄光学園・調布・東京女学館
537 □ウラヤマへ栗《くり》をとりに行く　（　　　　）　暁星・瀧野川女子学園・武庫川
538 □新聞のヘンシュウにたずさわる　（　　　　）　京華女子・甲南・高槻
539 □天体ボウエンキョウをのぞく　（　　　　）　品川女子学院・宝仙学園・京都女子
540 □子供をホウニンする親　（　　　　）　神奈川大附・湘南学園・高知学芸

A

●入試に出やすい漢字がよくわかる●

漢字の書き取り——第19回テスト

出題回数 3回

（10分）

得点　30

■次のぼう線部分のカタカナを漢字に直しなさい。

541 □バスの定期**ケン**を買う　慶応普通部・品川女子学院　ほか1校

542 □学校の**コウドウ**　吉祥女子・法政大第二・幕張

543 □身の★**ケッパク**を証明する　玉川学園・淳心学院・清風南海

544 □会議で☆**ケツロン**を出す　甲南女子・松蔭・土佐

545 □科学**ハクラン**会に出かける　栄光学園・金光学園・奈良学園

546 □湖で**オヨ**ぐ　鎌倉女学院・獨協・宮崎大附

547 □**セイカク**な意味をしらべる　穎明館・高輪・広島大附東雲

548 □☆**セイ**一杯《いっぱい》の気持ち　跡見学園・智辯学園・武庫川

549 □窓を☆**ア**ける　東京女子学園・横浜英和女学院ほか1校

550 □書類を**カイラン**する　北豊島・幕張・洛南高附

551 □ふたりの仲は**ケンアク**だ　海城・サレジオ学院・幕張

552 □★**ゲンカン**の戸をあける　市川・江戸川女子・ラ・サール

553 □**ケンコウ**に気をつける　小野学園女子・桐蔭学園・ラ・サール

554 □技術が**キュウソク**に進歩する　巣鴨・千代田女学園・東海

555 □☆**オオゼイ**の人が集《つど》う　学習院中等科・慶応湘南藤沢・獨協

556 □駅**シュウヘン**の美化につとめる　小野学園女子・学習院中等科　ほか1校

557 □医師を**ココロザ**す　栄光学園・川村・品川女子学院

558 □生命**ホケン**に入る　江戸川女子・日出女子学園　ほか1校

559 □湯量の**ホウフ**な温泉　茨城・和洋国府台女子・立正

560 □電車の**ウンチン**をはらう　栄光学園・山手学院・香川県大手前高松

561 □病院に**シュウヨウ**される　駒場東邦・香蘭女学校・土佐

562 □整形**シュジュツ**を受ける　東京立正・捜真女学校・高知学芸

563 □米を**シュショク**にしている国　鷗友学園女子・戸板・大阪信愛女学院

564 □高原野菜を**シュッカ**する　品川女子学院・桐朋・宝仙学園

565 □優勝するのは**カクジツ**だ　学芸大竹早・東京成徳短大付・日大豊山

566 □成功するかどうか**ギモン**だ　国士舘・白百合学園・戸板

567 □**ギャク**の方向に歩く　恵泉女学園・光塩女子学院・安田学園

568 □群衆を前に**ヘイセイ**をうしなう　麻布・北豊島・聖光学院

569 □六・三制の**ギム**教育　女子聖学院・日大豊山女子・西南女学院

570 □**カイカツ**にふるまう　ノートルダム清心　ほか2校

A

●入試に出やすい漢字がよくわかる

漢字の書き取り——第20回テスト

出題回数 3回

（10分）

得点 /30

■次のぼう線部分のカタカナを漢字に直しなさい。

571 □心臓イショクをする（　　）桜蔭・洛南高附・ラ・サール
572 □セイギ感の強い人（　　）ノートルダム女学院 ほか2校
573 □☆イッシ乱れず整然と行動する（　　）京華女子・淳心学院・和洋国府台女子
574 □夏休みにキセイする（　　）東京女学館・関西大第一 ほか1校
575 □両国の☆シンゼンに力をつくす（　　）女子学院・日大第二・淳心学院
576 □問題をすみやかにカイケツする（　　）学芸大小金井・武庫川 ほか1校
577 □家族と★イッショに住む（　　）関東学院・高輪 ほか1校
578 □人の気持ちをサッする（　　）東邦大東邦・三輪田学園 ほか1校
579 □人のコウイに甘《あま》える（　　）北豊島・玉川学園・立正
580 □会をコウセイする人々（　　）市川・実践女子学園・淑徳
581 □ヘヤをかたづける（　　）神奈川大附・日本橋女学館 ほか1校
582 □湾岸戦争のスイイを見守る（　　）神戸女学院・立教・ラ・サール
583 □ガスこんろの不完全ネンショウ（　　）佼成学園・玉川学園・安田女子
584 □カオクが密集する下町（　　）桜美林・川村・和洋国府台女子
585 □あなたは命のオンジンです（　　）桐光学園・淳心学院・聖徳学園

586 □キショウ衛星ひまわり（　　）北豊島・桐朋・宝仙学園
587 □まわりに石垣《いしがき》をキズく（　　）学習院女子中等科・金光学園・日向学院
588 □県庁に★キンムする（　　）鎌倉学園・雙葉 ほか1校
589 □★ゲンジュウに注意する（　　）小野学園女子・千代田女学園 ほか1校
590 □☆コウガイされてはこまる事実（　　）実践女子学園・立教・修道
591 □記念シャシンをとる（　　）佼成学園・ノートルダム清心 ほか1校
592 □予算案をシュウセイする（　　）成城学園・岡山白陵・甲陽学院
593 □イシの強い人（　　）富士見丘(横)・サレジオ学院・高知大附
594 □★イサギヨく責任をとる（　　）東京立正・帝塚山学院泉ケ丘 ほか1校
595 □この絵は☆カイシンのできだ（　　）学習院女子中等科・目白学園 ほか1校
596 □長いカイダンをのぼる（　　）鎌倉学園・ノートルダム女学院 ほか1校
597 □重い荷物をカツぐ（　　）東京女学館・明大明治・フェリス
598 □水筒《すいとう》がすっかりカラになる（　　）学習院中等科・淳心学院・灘
599 □学校に教育用キキをそなえる（　　）学習院中等科・東海・ラ・サール
600 □寒さで指先のカンカクがない（　　）小野学園女子・学芸大小金井・三重大附

●入試に出やすい漢字がよくわかる

A　漢字の書き取り――第21回テスト

出題回数　3回

（10分）

得点　　/30

■次のぼう線部分のカタカナを漢字に直しなさい。

601 □映画を共同**セイサク**する（　　）関東学院・捜真女学校・香川大附坂出
602 □**カコウ**で魚つりをする（　　）埼玉大附・広島学院・土佐女子
603 □子供を遊園地に**ツ**れていく（　　）昭和女子大昭和・早稲田　ほか1校
604 □高層ビルが**リンリツ**する（　　）フェリス・帝塚山・灘
605 □おたがいの**リカイ**を深める（　　）ノートルダム清心・安田女子　ほか1校
606 □食品の**セイゾウ**業者（　　）学習院女子中等科　ほか2校
607 □おしくも小差で**ヤブ**れた（　　）栄光学園・佐賀大附・甲南
608 □金銭の★**タイシャク**関係（　　）東京女学館・玉川学園・広島女学院
609 □**ドウワ**の主人公（　　）高輪・明星女子部・武庫川
610 □犯行の**ドウキ**（　　）江戸川女子・嘉悦女子・調布
611 □**セイジツ**な人がら（　　）世田谷学園・桐朋・高知学芸
612 □**マワ**りをとりかこむ山々（　　）調布・三重・洛南高附
613 □敵に対して**ミガマ**える（　　）明星男子部・甲南・白陵
614 □**ヨウキ**な笑い声がひびく（　　）トキワ松学園・日大第二・清心
615 □未練《みれん》を☆**タ**ち切る（　　）城西川越・捜真女学校　ほか1校

616 □**ドクソウ**性に満ちた作品（　　）穎明館・東大寺学園・広島女学院
617 □取り引き先の**セッタイ**を受ける（　　）筑波大附・ノートルダム清心　ほか1校
618 □夏目《なつめ》漱石《そうせき》は★**チョメイ**な作家だ（　　）穎明館・東大寺学園・ラ・サール
619 □桃太郎の鬼《おに》**タイジ**（　　）雙葉・清心　ほか1校
620 □☆**ジタイ**がますます悪化する（　　）学習院女子中等科・法政大第二ほか1校
621 □野鳥の**セイタイ**を研究する（　　）恵泉女学園・清心・武庫川
622 □体の★**セイミツ**検査（　　）東京女子学院・桐光学園・早実
623 □交通**セイリ**をおこなう（　　）佼成学園・捜真女学校　ほか1校
624 □米のとれ高を**ヨソク**する（　　）晃華学園・成蹊・福山暁の星女子
625 □子供に**ランボウ**をはたらく（　　）佼成学園・聖光学院・大阪女学院
626 □町内会の**カイランバン**をまわす（　　）普連土学園・幕張・山手学院
627 □あまり**ヨケイ**なことを言うな（　　）豊島岡女子学園・高知学芸　ほか1校
628 □おばあさんと**マゴ**の二人づれ（　　）トキワ松学園・雙葉・白陵
629 □腹の**ソコ**から笑いがこみあげる（　　）跡見学園・桜蔭・捜真女学校
630 □食事の**シタク**をする（　　）明星男子部・金蘭千里・宝仙学園

A

●入試に出やすい漢字がよくわかる

漢字の書き取り——第22回テスト

出題回数 3回

（10分）

得点 /30

■次のぼう線部分のカタカナを漢字に直しなさい。

631 □三月に**ソツギョウ**式がある（　）城西大城西・宮崎大附 ほか1校
632 □**ソンシツ**と利益（　）跡見学園・帝京・白陵
633 □台風で**ソンガイ**をこうむる（　）本郷・広島学院 ほか1校
634 □人口増加の**ジッタイ**をしらべる（　）学習院中等科・鎌倉女学院 ほか1校
635 □★人の意見を**ソンチョウ**する（　）駒場東邦・城北・同志社女子
636 □**リコウ**そうな犬（　）明治学院・大阪星光学院 ほか1校
637 □毎朝牛乳を**ノ**む（　）奈良学園・ノートルダム女学院 ほか1校
638 □**ダイキボ**な開発事業（　）穎明館・江戸川女子・福山暁の星女子
639 □★**タテ**に線を引く（　）佼成学園・巣鴨・池田
640 □自分の行動に**セキニン**をもつ（　）昭和女子大昭和・明星女子部
641 □出世《しゅっせ》は**ゼツボウ**的だ（　）吉祥女子・本郷・修道
642 □お金を**セツヤク**する（　）桐朋・明星男子部・千葉日大第一
643 □土地を**ソクリョウ**する（　）栄光学園・和洋九段女子・関西大第一
644 □特急が鉄橋を**ツウカ**する（　）東京家政大附女子・西南学院 ほか1校
645 □★**ツカ**れはてて寝《ね》てしまう（　）東京成徳短大付・明治学院 ほか1校

646 □稚魚《ちぎょ》を川に**ハナ**す（　）日本橋女学館・法政大第一・関西学院
647 □よく**シタ**がまわる人だ（　）学習院中等科・千葉日大第一 ほか1校
648 □☆旅先で**カンショウ**的になる（　）桜蔭・佐野日大・東大寺学園
649 □☆**ジコ**中心的な人間（　）穎明館・帝京・安田女子
650 □★先生が**ゼッサン**した油絵（　）川村・玉川学園・立教
651 □弁当を**ジサン**する（　）川村・京華女子・岡山白陵
652 □☆★大臣の地位に**ツ**く（　）品川女子学院・金蘭千里・奈良学園
653 □教えを**ト**く（　）桐朋・淳心学院・安田女子
654 □物語を**ソウサク**する（　）城北・高輪・宝仙学園
655 □会議で**テイアン**する（　）賢明女子学院・長崎大附・安田女子
656 □うでに**チュウシャ**をうつ（　）麻布・桜蔭・広島学院
657 □声の**チョウシ**をあげる（　）岡山白陵・香蘭女学校・聖母学院
658 □キリスト教の**デンドウ**師《し》（　）関東学院・成城学園・頌栄女子学院
659 □急行は各駅に**テイシャ**しない（　）京華女子・晃華学園・同志社女子
660 □**テッキン**コンクリート（　）栄光学園・玉川学園・明治学院

●入試に出やすい漢字がよくわかる

A 漢字の書き取り——第23回テスト

出題回数3回〜2回

(10分)

得点 /30

■次のぼう線部分のカタカナを漢字に直しなさい。

661 □事のシダイを包みかくさず話す ★ （　） 国学院久我山・甲陽学院・洛星
662 □大地震《じしん》のゼンチョウ （　） 城北・明大明治・文教大付
663 □ユシュツ大国日本 （　） 京北・高輪高知
664 □試合をユウセイに進める （　） 成蹊・玉川学園・安田学園
665 □雲から綿あめをレンソウする （　） 桜美林・桐蔭学園・千代田女学園
666 □懐中《かいちゅう》デントウで暗やみをてらす （　） 川村・桐光学園・京都女子
667 □食品をレイゾウコにしまう （　） 桐朋・高知・高知学芸
668 □問題をテイキする （　） 池田・甲南聖学院
669 □ルイジ商品に注意する （　） 宝仙学園・明星 ほか1校
670 □ヨウジ期を外国ですごす （　） 国学院久我山・獨協・立命館
671 □お年玉をヨキンする （　） 穎明館・北豊島・東洋英和女学院
672 □ハンザイ者をさばく （　） 恵泉女学園・高知学芸 ほか1校
673 □世相をハンエイした事件 ☆ （　） 玉川学園・法政大第二・四天王寺
674 □川のほとりにテントをハる （　） 東京家政学院・六甲 ほか1校
675 □チュウジツに命令を守る （　） 国学院久我山・東京立正・灘

676 □首をマげてのぞきこむ （　） トキワ松学園・日大第二・安田学園
677 □はさみで布をタつ ☆★ （　） 攻玉社・愛知淑徳・清風南海
678 □左右タイショウの図形 ☆ （　） 賢明女子学院・品川女子学院 ほか1校
679 □本のチョシャにサインをもらう ★ （　） 鎌倉学園・明星女子部・高槻
680 □土地・タテモノ取り引き （　） 東京家政大附女子・広島大附 ほか1校
681 □オーバーをシンチョウする （　） 日大第三・大阪星光学院・親和
682 □戦場で足をフショウする （　） 明星女子部・清風南海 ほか1校
683 □野球場のシテイ席 （　） 宝仙学園・武庫川
684 □先日はシツレイしました （　） 目黒星美学園・智辯学園
685 □彼の言うことはマトハズれだ （　） 国士舘・広島女学院
686 □母をヨロコばす （　） 英数学館・六甲
687 □ヨべどさけべど返事がない （　） 獨協・鈴鹿
688 □ヨクアサになって空が晴れた （　） 帝京・甲南
689 □無理をシいるのはよくない ★ （　） 鷗友学園女子・明大中野
690 □重大なニンムにつく （　） 品川女子学院・日大第二

A 漢字の書き取り——第24回テスト

●入試に出やすい漢字がよくわかる

出題回数 2回

（10分）

得点 /30

■次のぼう線部分のカタカナを漢字に直しなさい。

691 □★チョウホウな道具　（　　）　東京女学館・帝塚山
692 □音量をチョウセツする　（　　）　同志社女子・名古屋学院
693 □新米がニュウカする　（　　）　高知学芸・南山女子部
694 □私の先祖は殿様《とのさま》にツカえていた　（　　）　関西大第一・清心
695 □彼は実にツウカイな男だ　（　　）　玉川学園・明大明治
696 □暴力をツイホウする　（　　）　茨城・成城
697 □☆真理をツイキュウする　（　　）　駒場東邦・土佐
698 □注文をツイカする　（　　）　佼成学園女子・明星
699 □★チンタイ住宅に入る　（　　）　玉川学園・日出女子学園
700 □太陽のチョクシャ光　（　　）　桐蔭学園・六甲
701 □温度を一定にタモつ　（　　）　学芸大竹早・関西大第一
702 □タンチョウな生活　（　　）　跡見学園・千代田女学園
703 □★いねのタバを運ぶ　（　　）　フェリス・洛南高附
704 □☆カエルのタマゴ　（　　）　駒場東邦・芦屋大附
705 □時間をタンシュクする　（　　）　栄光学園・奈良学園

706 □★ダンコとして主張をまげない　（　　）　神奈川大附・淳心学院
707 □古代人のチエに学ぶ　（　　）　国本女子・明星男子部
708 □電気がツタわる　（　　）　学習院女子中等科・安田学園
709 □安全をネントウにおいた作業　（　　）　清風・土佐
710 □やっとネンガンがかなった　（　　）　学習院女子中等科・佐賀大附
711 □タダちに出発せよ　（　　）　西南学院・熊本マリスト
712 □シツモンに答えなさい　（　　）　東京成徳短大付・富士見丘(横)
713 □☆山がマヂカにせまってくる　（　　）　立教女学院・帝塚山学院泉ケ丘
714 □マドギワにつくえを並べる　（　　）　フェリス・同志社女子
715 □さとうに蟻《あり》がムラがる　（　　）　北豊島・立教
716 □政治にムカンシンな人がふえた　（　　）　湘南学園・日大第一
717 □★ミョウに気になる話　（　　）　江戸川女子・大阪星光学院
718 □出場をジタイする　（　　）　淳心学院・城北
719 □★上官のシジョウ命令　（　　）　晃華学園・東大寺学園
720 □コウソウに十年をかけた映画　（　　）　東京女学館・十文字

A 漢字の書き取り ——第25回テスト

●入試に出やすい漢字がよくわかる

出題回数 2回

（10分）

得点 ／30

■次のぼう線部分のカタカナを漢字に直しなさい。

721 □ **タイシュウ**☆小説を読む（　　）高輪 高槻
722 □ **タイボウ**の雨が降る（　　）横浜国大横浜 愛光
723 □ 交通事故に**タイショ**★する（　　）清風 奈良学園
724 □ ドアの**カイヘイ**は静かに（　　）玉川学園 奈良学園
725 □ サッカー部に**ショゾク**する（　　）栄光学園 慶応普通部
726 □ さわやかな**ショカ**のおとずれ（　　）鎌倉女学院 トキワ松学園
727 □ 文章の一部を**ショウリャク**する（　　）国府台女子学院 長崎大附
728 □ **ショウヒ**税の値上げに反対する（　　）東京家政大附女子 世田谷学園
729 □ 火事は**ショウボウショ**に届ける（　　）大阪星光学院 甲南
730 □ 社員を**サイヨウ**する（　　）栄光学園 高知学芸
731 □ ひどい**サイナン**にあう（　　）世田谷学園 松蔭
732 □ **サイコウ**の適切な部屋（　　）湘南学園 フェリス
733 □ **サイゲン**なく食べ続ける（　　）洗足学園大附 東海
734 □ 二つの物質を**ゴウセイ**する（　　）土佐女子 灘
735 □ 人口の**カミツ**な都市（　　）慶応中等部 桐蔭学園

736 □ 雑誌《ざっし》の**カントウ**★をかざる写真（　　）明大明治 東大寺学園
737 □ 外国の要人を**ゴエイ**★する（　　）城北 横浜英和女学院
738 □ 薬の**コウヨウ**☆（　　）豊島岡女子学園 山脇学園
739 □ 親に**コウヨウ**☆★をつくす（　　）玉川学園 東大寺学園
740 □ 選挙の**コウホ**者を選ぶ（　　）湘南学園 広島女学院
741 □ 証明書を**コウフ**☆する（　　）品川女子学院 ほか1校
742 □ 意見は**サンピ**両論に分かれた（　　）幕張 ラ・サール
743 □ 気に**サワ**★ることを言う人だ（　　）文京女子大 立教
744 □ ロシア**カクメイ**☆がおこる（　　）明治学院 高槻
745 □ 彼の無実を**カクシン**する（　　）高知 福山暁の星女子
746 □ **コウヒョウ**されていない事実（　　）学習院女子中等科 神戸女学院
747 □ 彼の熱心な説得に**コンマ**けした（　　）お茶の水女子大附 立教女学院
748 □ 諸悪《しょあく》の**コンゲン**（　　）国学院久我山 土佐女子
749 □ 怪我《けが》の**コウミョウ**★（　　）共立女子 東海大付浦安
750 □ 機会を**キントウ**にあたえる（　　）成城学園 西南女学院

A 漢字の書き取り——第26回テスト

●入試に出やすい漢字がよくわかる

出題回数 2回
（10分）
得点　／30

■次のぼう線部分のカタカナを漢字に直しなさい。

751 □えらい人の前で★キンチョウする（　　）山手学院 富士見丘(横)
752 □キンロウ感謝の日（　　）京北 巣鴨
753 □親にクロウをかける（　　）名古屋学院 南山男子部
754 □野鳥の保護クイキ（　　）国本女子 ほか1校
755 □成田クウコウから外国へ旅立つ（　　）湘南学園 帝塚山
756 □道で☆★グウゼン友だちに出会った（　　）国本女子 佐野日大
757 □選挙戦でクキョウに立たされる（　　）関西大第一 六甲
758 □内容をグタイ的にのべる（　　）高輪 愛知教育大附名古屋
759 □バッタのタイグン（　　）東京女子学園 広島女学院
760 □☆ヨウショウのころすごした村（　　）慶応普通部 土佐女子
761 □人を★サクリャクにかける（　　）桐朋 明星
762 □特別に時間をサく（　　）立教 明星男子部
763 □英語のジショを買ってもらう（　　）高輪 上宮
764 □家庭科でヨウサイを習う（　　）茨城 穎明館
765 □危険な場所を★サけて通る（　　）本郷 ほか1校

766 □トホで通学する（　　）佼成学園女子 西南女学院
767 □本を読むのをチュウダンする（　　）香蘭女学校 岡山白陵
768 □もめごとの★チュウサイをする（　　）サレジオ学院 帝塚山
769 □ヒジョウにすばらしい壺《つぼ》だ（　　）穎明館 甲南女子
770 □杉の花粉がヒサンする（　　）国士舘 東大寺学園
771 □タガクの借金をする（　　）高知学芸 親和
772 □弱いほうにミカタする（　　）学習院女子中等科 プール学院
773 □マンイン電車にゆられる（　　）嘉悦女子 目黒星美学園
774 □腹がへってシカタがない（　　）浅野 ノートルダム女学院
775 □とうていマネのできない芸当だ（　　）香蘭女学校 本郷
776 □二本の線がマジわる（　　）川村 関西学院
777 □★ドヒョウぎわでふんばる（　　）関西大第一 淳心学院
778 □コナと卵でお菓子《かし》をつくる（　　）学習院中等科 調布
779 □転んで足をコッセツする（　　）玉川学園 フェリス
780 □越後《えちご》平野は日本の★コクソウ地帯（　　）玉川学園 清風南海

A

●入試に出やすい漢字がよくわかる

漢字の書き取り——第27回テスト

出題回数　2回

（10分）

得点　／30

■次のぼう線部分のカタカナを漢字に直しなさい。

781 □手が**コキザ**みにふるえる（　　）駒場東邦　広島大附東雲

782 □展示会で**カイガ**を買う（　　）湘南学園　池田

783 □超《ちょう》満員の☆**カンシュウ**（　　）学習院女子中等科　清風

784 □新入生の★**カンゲイ**会（　　）北豊島　攻玉社

785 □**コウセイ**省は国の機関である（　　）学習院女子中等科　実践女子学園

786 □**コウジツ**をもうけて欠席する（　　）女子聖学院　獨協

787 □十年ぶりの**サイカイ**を喜びあう（　　）日本橋女学館　法政大第二

788 □美しい日本の**シキ**（　　）品川女子学院　名古屋学院

789 □親☆**コウコウ**な子供（　　）川村　森村学園

790 □白旗をかかげて**コウサン**する（　　）成城　西大和学園

791 □道路の**コウサ**点（　　）瀧野川女子学園　岡山白陵

792 □敵と味方を**シキベツ**する（　　）暁星　女子学院

793 □**シンケイ**の細かい人（　　）日大　目黒星美学園

794 □立ち入り**キンシ**区域（　　）安田学園　大阪女学院

795 □すもうの地方☆★**コウギョウ**（　　）甲陽学院　淳心学院

796 □他人のことは**ガンチュウ**にない（　　）千葉日大第一　追手門学院大手前

797 □かばんを**サ**げる（　　）東海大付浦安　奈良学園

798 □アメリカの船が横浜に**キコウ**する（　　）明治学院　甲陽学院

799 □台風で多くの船が☆**ナンパ**した（　　）サレジオ学院　東大寺学園

800 □人の意見に**サンドウ**する（　　）巣鴨　帝塚山

801 □**ヨキ**しなかったできごと（　　）晃華学園　松蔭

802 □文章に手を**クワ**える（　　）清風　ほか1校

803 □魚の☆**ナイゾウ**をしらべる（　　）玉川学園　淳心学院

804 □大風で屋根が**ハソン**した（　　）巣鴨　長崎大附

805 □地震《じしん》を**ヨチ**する（　　）国本女子　立教

806 □学校の**カガイ**活動に参加する（　　）女子聖学院　幕張

807 □小屋でウサギを**カ**う（　　）恵泉女学園　京北

808 □おいしい**クダモノ**（　　）武蔵工業大付　洛南高附

809 □さまざまの**クナン**を乗りこえる（　　）学芸大小金井　清心

810 □**クビスジ**に蚊《か》がとまった（　　）横浜国大横浜　池田

A

●入試に出やすい漢字がよくわかる

漢字の書き取り――第28回テスト

出題回数 2回

（10分）

得点 /30

■次のぼう線部分のカタカナを漢字に直しなさい。

811 □気の**ドク**な身の上 （　　） 洗足学園大附 高知学芸
812 □目的地へ先に**トウチャク**する （　　） 国士舘 サレジオ学院
813 □**ハラ**の虫がおさまらない （　　） 松蔭 東京家政学院
814 □冬休みを**ユウイギ**にすごす （　　） 佼成学園女子 東山
815 □ダイヤの**ユビワ**をもらう （　　） 和洋国府台女子 京都女子
816 □名前の**ユライ**をしらべる （　　） 山手学院 甲南
817 □命の**トウト**さを教えられる （　　） 国本女子 昭和女子大昭和
818 □ほうちょうを★**ト**ぐ （　　） 明大明治 横浜共立学園
819 □くつのひもを☆**ト**く （　　） 郁文館 藤村女子
820 □新しい事業に**トウシ**する （　　） 穎明館 調布
821 □カメは**ドウサ**がのろい （　　） 福山暁の星女子 プール学院
822 □人口**トウケイ**をとる （　　） 香蘭女学校 西南女学院
823 □**ユウキ**をふるいおこす （　　） 日本橋女学館 ノートルダム女学院
824 □長い進化の**レキシ**をたどる （　　） 西南女学院 ノートルダム女学院
825 □アジア諸国《しょこく》を★**レキホウ**する （　　） 明大明治 熊本マリスト

826 □**レイセイ**に現実をみつめる （　　） 大妻 北豊島
827 □**リュウコウ**の服を着て歩く （　　） 武蔵工業大付 広島城北
828 □市長に**リッコウホ**する （　　） 東京女子学園 サレジオ学院
829 □いん石の**ラッカ**する速度 （　　） 戸板 安田女子
830 □早く来た人を**ユウセン**する （　　） 栄光学園 学習院女子中等科
831 □愛鳥週間の**ヒョウゴ**をつくる （　　） 川村 明治学院
832 □親もとを★**ハナ**れてくらす （　　） 桐光学園 日大第一
833 □実力を**ヤシナ**う （　　） 佼成学園 親和
834 □**トウショ**の計画とくいちがう （　　） 学習院中等科 三重大附
835 □正月のお☆**ソナ**え物 （　　） 鷗友学園女子 白陵
836 □**ウム**をいわさず連れて行く （　　） 巣鴨 早実
837 □私の**ソンケイ**する人物 （　　） 京北 静岡県西遠女子
838 □**ソントク**ぬきのつきあい （　　） 追手門学院大手前 清風南海
839 □合格して☆**ウチョウテン**になる （　　） 東京女子学園 香蘭女学校
840 □家族で**エイガ**を見に行く （　　） 佼成学園女子 法政大第一

A 漢字の書き取り――第29回テスト

●入試に出やすい漢字がよくわかる

出題回数 2回 （10分） 得点 /30

■次のぼう線部分のカタカナを漢字に直しなさい。

841 □**エイキュウ**にお別れです（　）洗足学園大附 広島城北
842 □**エイギョウ**停止になった店（　）東洋英和女学院 武蔵
843 □**イチョウ**の薬を飲む（　）学芸大世田谷 慶応中等部
844 □決められた**イチ**につく（　）光塩女子学院 名古屋学院
845 ★□**イシツ**物を交番にとどける（　）森村学園 帝塚山
846 □**イジ**の悪い役人（　）千代田女学園 高知学芸
847 □罪を**オカ**す（　）慶応中等部 広島学院
848 □気候の**オンワ**な土地（　）巣鴨 高槻
849 ★□**キミョウ**な形の家（　）高輪 山脇学園
850 ☆□住民の**イコウ**を反映する（　）学習院中等科 東大寺学園
851 ☆□裁判所で**イギ**を申したてる（　）明大明治 立教
852 □走り続けて**イキ**がきれた（　）英数学館 普連土学園
853 ☆□本を**アラワ**す（　）桐蔭学園 横浜共立学園
854 ☆□文化祭の**アトシマツ**をする（　）学習院女子中等科 愛知淑徳
855 ★□**キチ**に富んだ会話（　）名古屋学院 ラ・サール

856 □**キノウ**、水族館に行った（　）神奈川大附 英数学館
857 □入学**イライ**、仲のよい友（　）帝京 芦屋大附
858 □**イヨク**的に勉強する（　）藤村女子 福山暁の星女子
859 □**イッキョ**になぞがとけた（　）桐朋 東京家政学院
860 ★□ガソリンは石油の**キハツ**成分だ（　）サレジオ学院 横浜英和女学院
861 ★□橋げたの**キソ**工事（　）三輪田学園 宝仙学園
862 □病気が**ゼンカイ**する（　）関西学院 鳴門教育大附
863 □**セワ**好きのおばさん（　）戸板 愛知教育大附名古屋
864 ★□ものごとの**ゼヒ**を論ずる（　）玉川学園 大阪星光学院
865 □**セナカ**あわせに座る（　）東京成徳短大付 駒場東邦
866 □人気の**ゼッチョウ**をきわめる（　）頌栄女子学院 大阪星光学院
867 ★□人**カゲ**もないさびしい道（　）香蘭女学校 英数学館
868 □月の満ち**カ**け（　）桐朋 宮崎大附
869 □事件が**カサ**なっておきる（　）成城学園 香川大附高松
870 □夏休みの**カダイ**図書（　）筑波大附駒場 富士見

A 漢字の書き取り——第30回テスト

●入試に出やすい漢字がよくわかる

出題回数 2回　（10分）　得点 /30

■次のぼう線部分のカタカナを漢字に直しなさい。

871 □悪徳商法がオウコウする ☆（　　）（　　）海城／明治学院
872 □オウダン歩道をわたる（　　）（　　）佼成学園女子／湘南学園
873 □となりの国とのキョウカイ線（　　）（　　）豊島岡女子学園／関西大第一
874 □陸上キョウギに出場する（　　）（　　）筑波大附駒場／武蔵野女子学院
875 □鬼《おに》のようなギョウソウ ★（　　）（　　）麻布／淳心学院
876 □キョウレツなパンチをくらう ★（　　）（　　）東京女子学院／本郷
877 □神社にサンパイする（　　）（　　）江戸川女子／サレジオ学院
878 □町のハイゴに山がそびえている（　　）（　　）光塩女子学院／千葉日大第一
879 □部屋のショウジに映るかげ ★（　　）（　　）玉川学園／東京女子学館
880 □シュウギインの解散 ☆（　　）（　　）学芸大世田谷／修道
881 □会計のシュウシが合う ☆（　　）（　　）慶応中等部／奈良学園
882 □猟師《りょうし》にジュウジュンな犬（　　）（　　）千代田女学園／帝京
883 □立山連峰《たてやまれんぽう》をジュウソウする ★（　　）（　　）東大寺学園／甲陽学院
884 □寺にこもってシュギョウをつむ ★（　　）（　　）日出女子学園／市川
885 □シュゾク保存の本能 ☆（　　）（　　）法政大第一／晃華学園

886 □隊員《たいいん》のテンコをとる（　　）（　　）武蔵工業大付／広島女学院
887 □反撃《はんげき》のジキをうしなう（　　）（　　）横浜共立学園／聖母女学院
888 □キョダイな飛行船（　　）（　　）トキワ松学園／京北
889 □高山ではジュモクは育たない（　　）（　　）国士舘／桐朋
890 □切手をシュウシュウする ☆（　　）（　　）江戸川学園取手／ノートルダム女学院
891 □松はシンヨウジュだ（　　）（　　）甲南女子／淳心学院
892 □シンリを探求する（　　）（　　）鎌倉学園／土佐女子
893 □モウヒツで年賀状を書いた（　　）（　　）学習院女子中等科／国学院久我山
894 □スジミチの立った話だ（　　）（　　）駒場東邦／広島女学院
895 □中学のドウソウカイに出席する ★（　　）（　　）穎明館／川村
896 □カンダン計の目もりを読む（　　）（　　）玉川学園／東海
897 □読書カンソウ文を書く（　　）（　　）芝浦工業大／履正社学園豊中
898 □ジモト出身の力士（　　）（　　）市川／灘
899 □シュウカンシを買って読む ☆（　　）（　　）明治学院／修道
900 □彼の説明はシャクゼンとしない ★（　　）（　　）江戸川女子／東京女子学館

A 漢字の書き取り ――第31回テスト

●入試に出やすい漢字がよくわかる

出題回数 2回

（10分）

得点 ／30

■次のぼう線部分のカタカナを漢字に直しなさい。

901 □ビデオの新**セイヒン**を買う（　　）立教女学院 南山女子部
902 □**ヤセイ**味豊かな人（　　）慶応普通部 大阪女学院
903 □中国奥地の**ヒキョウ**を訪《たず》ねる（　　）駒場東邦 土佐
904 □**ハンセイ**の色がみられない（　　）聖母女学院 日本橋女学館
905 □むかし★**ハンエイ**をきわめた港町（　　）安田学園 香川県大手前高松
906 □スポーツの**バンノウ**な人（　　）神戸女学院 桐朋
907 □**セイノウ**のすぐれた車（　　）ノートルダム清心 聖母学院
908 □飛行機事故の**セイゾン**者（　　）清心 南山男子部
909 □石油の**セイセイ**工場（　　）松蔭 広島女学院
910 □**テキトウ**なところできりあげる（　　）世田谷学園 トキワ松学園
911 □老人には**シンセツ**にしよう（　　）東京立正 武蔵野女子学院
912 □**セッキョク**的に発言する（　　）修道 プール学院
913 □**セッキョウ**ばかりする親（　　）国学院久我山 清心
914 □**ゼンリョウ**な市民（　　）広島女学院 六甲
915 □文筆で**セイケイ**を立てる（　　）上宮 洛南高附

916 □新薬の開発に**セイコウ**する（　　）英数学館 三輪田学園
917 □景気が**テイメイ**する（　　）フェリス 三重大附
918 □春休みの宿題を**テイシュツ**する（　　）追手門学院大手前 富士見
919 □新首相の☆**セイサク**が発表された（　　）栄光学園 成城学園
920 □**セイシン**統一をはかる（　　）北豊島 賢明女子学院
921 □網戸《あみど》で蚊《か》の☆**シンニュウ**をふせぐ（　　）国本女子 高輪
922 □校庭に**セイゼン**とならぶ（　　）暁星 サレジオ学院
923 □医学**ハクシ**になる（　　）光塩女子学院 サレジオ学院
924 □科学**ハクブツカン**の月の石（　　）駒場東邦 日大豊山女子
925 □男らしく★**ハクジョウ**しろ（　　）駒場東邦 聖学院
926 □マングースはヘビの☆**テンテキ**だ（　　）成城学園 淳心学院
927 □夫《おっと》と**ツマ**の関係（　　）香蘭女学校 法政大第一
928 □かけぶとんの中に**ワタ**をつめる（　　）聖母女学院 広島城北
929 □**デンセン**病のワクチンをうつ（　　）福山暁の星女子 山手学院
930 □国交を**ジュリツ**する（　　）世田谷学園 幕張

A

●入試に出やすい漢字がよくわかる

漢字の書き取り――第32回テスト

出題回数 2回

（10分）

得点　／30

■次のぼう線部分のカタカナを漢字に直しなさい。

931 □品物を**シュルイ**ごとにわける（　　）芝浦工業大　福山暁の星女子

932 □いねが**ジュンチョウ**に成育する（　　）高輪　日出女子学園

933 □商品の売れ行き**ジョウキョウ**（　　）芝浦工業大　女子聖学院

934 □**ジョウケイ**を目にうかべる（　　）嘉悦女子　ほか1校

935 □**ショウジキ**な人（　　）跡見学園　北豊島

936 □手紙を**ハイケン**する（　　）晃華学園　帝京

937 □両親は**ケンザイ**です（　　）高知大附　鈴鹿

938 □旅をして**ケンブン**を広める（　　）関西大第一　京華女子

939 □**ケンリ**と義務（　　）日本橋女学館　武蔵

940 □部屋に**ト**じこもる（　　）日大第二　洛星

941 □**トッケン**階級《かいきゅう》の人々（　　）洗足学園大附　帝京

942 □☆**グンシュウ**心理《しんり》で行動する（　　）賢明女子学院　明星男子部

943 □**ケイカイ**なテンポの音楽（　　）東邦大東邦　静岡県西遠女子

944 □**ゲイジュツ**性の高い作品（　　）法政大第一　森村学園

945 □☆**ケイソツ**なふるまい（　　）サレジオ学院　玉川学園

946 □彼の考え方には**ケイフク**した（　　）帝京　灘

947 □★**ゲキジョウ**で上映《じょうえい》する（　　）栄光学園　甲南

948 □とてもすばらしい**ケシキ**だ（　　）鎌倉女学院　四天王寺羽曳丘

949 □交渉《こうしょう》がやっと**ケッチャク**した（　　）東洋英和女学院　安田女子

950 □**ノコ**さずに食べなさい（　　）桜蔭　広島大附東雲

951 □**ケンゼン**な精神（　　）川村　安田学園

952 □フィルムを**ゲンゾウ**する（　　）栄光学園　江戸川女子

953 □**ケンチク**家をめざす（　　）嘉悦女子　大阪青凌

954 □**アイヨウ**の車でドライブする（　　）開成　大阪星光学院

955 □**アイソ**よくふるまう（　　）芝　早実

956 □父はとても★**ゲンカク**な人です（　　）瀧野川女子学園　雙葉

957 □生徒を☆**インソツ**して遠足に行く（　　）成蹊　高知

958 □人と会う★**ヤクソク**をする（　　）清心　千代田女学園

959 □野鳥の声を**ロクオン**する（　　）京華女子　池田

960 □計算の**ホウソク**にしたがう（　　）千葉日大第一　三重大附

A 漢字の書き取り——第33回テスト

●入試に出やすい漢字がよくわかる●

出題回数 2回

（10分）

得点 /30

■次のぼう線部分のカタカナを漢字に直しなさい。

961 □将来のホウシンを決める（　　）栄光学園 目白学園
962 □駅前はホウチ自転車でいっぱい（　　）玉川学園 ラ・サール
963 □☆ホウヨウリョクのある人物（　　）幕張 西大和学園
964 □★ホガらかに歌おう（　　）佐野日大 白陵
965 □サッカーのホケツ選手（　　）鎌倉学園 帝塚山
966 □雨もりのホシュウ★をする（　　）比治山女子 広島学院
967 □話に少しホソクを加える（　　）女子学院 奈良学園
968 □ヒニクな笑いをうかべる（　　）東京家政大附女子 高知学芸
969 □オペラのコウエン☆（　　）筑波大附 日本橋女学館
970 □地震《じしん》でこわれた町をフッコウ★する（　　）栄光学園 明大明治
971 □交通のフベンな場所（　　）国士舘 捜真女学校
972 □フヨウな物をすてる（　　）頌栄女子学院 日大第一
973 □★フンキして事にあたる（　　）埼玉大附 関西大第一
974 □フンマツの薬を飲む（　　）鷗友学園女子 聖母女学院
975 □人の立場をベンゴする（　　）栄光学園 池田

976 □足がボウになるほど歩いた（　　）東京立正 桐光学園
977 □ほうびをアタえる（　　）桜美林 明星男子部
978 □野球のホウエイ権を独占する（　　）甲陽学院 高知学芸
979 □原子力発電所のホウシャノウ事故（　　）日本橋女学館 武蔵野女子学院
980 □人生にモクヒョウをもつ（　　）頌栄女子学院 武蔵工業大付
981 □資料にモトづいて話す（　　）成蹊 高田
982 □ブキをもって戦う（　　）学習院女子中等科 桜美林
983 □夜のブキミな静けさ（　　）早実 土佐女子
984 □名画を☆★フクセイする（　　）学習院女子中等科 鎌倉学園
985 □劇でフけ役を演じる（　　）フェリス 横浜共立学園
986 □ソウイ工夫にみちた作品（　　）成城学園 甲陽学院
987 □光合成に光はフカケツです（　　）神戸女学院 立命館
988 □雑誌のソウカン号（　　）雙葉 立教
989 □品物をソウコにしまう（　　）清風南海 獨協
990 □☆キカイ体操の選手（　　）市川 瀧野川女子学園

A

●入試に出やすい漢字がよくわかる

漢字の書き取り——第34回テスト

出題回数 2回

（10分）

得点 ／30

■次のぼう線部分のカタカナを漢字に直しなさい。

991 □体重の**ゾウゲン**を記録する（　　）日大豊山・南山女子部

992 □**ソウトウ**な実力の持ち主（　　）開成・関東学院

993 □約束を★**ヤブ**る（　　）城北・山手学院

994 □寄付を**キョウヨウ**する（　　）学習院女子中等科・本郷

995 □手紙を**ソクタツ**にして出す（　　）淳心学院・広島女学院

996 □民話を**ソザイ**にした小説（　　）同志社香里・広島城北

997 □天性の**ソシツ**にめぐまれる（　　）学習院女子中等科・京都教育大附京都

998 □人類の**ソセン**（　　）東海・香川大附坂出

999 □**イッパン**市民（　　）東京成徳短大付・土佐女子

1000 □道路**ヒョウシキ**にしたがう（　　）学習院女子中等科・桐朋

1001 □**ヒョウジョウ**豊かな人（　　）西大和学園・プール学院

1002 □旅行の**ヒヨウ**を積み立てる（　　）桜蔭・鎌倉女学院

1003 □**フツウ**には考えられない話だ（　　）東邦大東邦・明治学院

1004 □正しいか**イナ**かを判断する（　　）穎明館・世田谷学園

1005 □合格の★**ロウホウ**がとどく（　　）甲陽学院・東大寺学園

1006 □遠方からの**ライホウシャ**（　　）東洋英和女学院・日大

1007 □**ロウドウ**組合を組織する（　　）佼成学園女子・国本女子

1008 □**アイカ**わらず元気なおじいさん（　　）日大第一・森村学園

1009 □すがたが霧《きり》の中に**キ**える（　　）東邦大東邦・トキワ松学園

1010 □**キョウセイ**的にはたらかせる（　　）上宮・比治山女子

1011 □日本の**ヒョウジュン**時子《し》午《ご》線《せん》（　　）香蘭女学校・国本女子

1012 □★**トチュウ**であきらめる（　　）桜美林・富士見丘(横)

1013 □親の**オン**は海よりも深し（　　）晃華学園・フェリス

1014 □☆**ギャクテン**さよならホームラン（　　）清風・玉川学園

1015 □☆**ユダン**大敵（　　）穎明館・法政大第一

1016 □科学の**キュウキョク**の目的（　　）学習院女子中等科・世田谷学園

1017 □文明発達の★**オンケイ**に浴する（　　）白百合学園・武蔵工業大付

1018 □ねる子は**ソダ**つ（　　）嘉悦女子・安田学園

1019 □一級**カセン**の改修工事（　　）東京女学館・湘南学園

1020 □**ホンノウ**的に渡りをする鳥（　　）桐光学園・ノートルダム女学院

A

●入試に出やすい漢字がよくわかる●

漢字の書き取り——第35回テスト

出題回数 2回

（10分）

得点 ／30

■次のぼう線部分のカタカナを漢字に直しなさい。

1021 □**メザ**まし時計がなる （　） 目黒星美学園 帝塚山

1022 □ヨーロッパ的な生活**ヨウシキ** （　） 桐蔭学園 三輪田学園

1023 □ようかんには日本茶が**ア**う （　） 国士舘 森村学園

1024 □**ジョウケン**しだいで引き受ける （　） 跡見学園 洗足学園大附

1025 □組合の**ヨウキュウ**をのむ （　） 洗足学園大附 三重

1026 □気分が**ヤワ**らぐ （　） 世田谷学園 日大第二

1027 □**ミズカ**ら命をたつ （　） 東京家政大附女子 熊本マリスト

1028 □千円**キンイツ**のバーゲン （　） 学習院中等科 愛光

1029 □**カクベツ**にうまい米だ （　） 筑波大附駒場 武蔵工業大付

1030 □**テ**れ笑いをする （　） 女子聖学院 高知学芸

1031 □**ジュウライ**の方針を守る （　） 巣鴨 久留米大附設

1032 □局面が**シンテン**する （　） 武蔵 武蔵工業大付

1033 □ダイヤモンドの★**モゾウ**品 （　） 城北 芝

1034 □あらゆるものに興味を**シメ**す （　） 東京家政学院 滋賀大附

1035 □父は大阪へ☆**テンキン**になった （　） 横浜国大横浜 南山男子部

1036 □日本人は**キンベン**な国民だ （　） 佼成学園 三輪田学園

1037 □台風が**セッキン**する （　） 西南学院 広島学院

1038 □世界の最高峰を★**セイフク**する （　） 武蔵工業大付 帝塚山学院

1039 □**ゲキ**の登場人物 （　） 香川大附坂出 履正社学園豊中

1040 □先んずれば人を**セイ**する （　） 岡山白陵 青雲

1041 □**キョクド**に視力が弱い （　） 学習院女子中等科 ノートルダム女学院

1042 □**イギ**のある仕事 （　） 桐朋 富士見

1043 □会社を☆**ヤ**める （　） 明大明治 明星男子部

1044 □植物の**セイチョウ**をうながす雨 （　） 駒場東邦 藤村女子

1045 □有力な新人の**シュツゲン** （　） 戸板 安田学園

1046 □**シジュウ**おこられてばかりいる （　） 巣鴨 明星女子部

1047 □鉄のさくを★**ジョキョ**する （　） 東大寺学園 灘

1048 □別れを**ツ**げる （　） トキワ松学園 日出女子学園

1049 □**ノウコウ**用の牛や馬 （　） 学習院中等科 広島学院

1050 □一つのことに**ネッチュウ**する （　） 京華女子 目黒星美学園

A 漢字の書き取り——第36回テスト

●入試に出やすい漢字がよくわかる●

出題回数 2回　(10分)　得点 /30

■次のぼう線部分のカタカナを漢字に直しなさい。

1051 □**ニワサキ**に植えたスイセン（　）桜蔭 高田
1052 □**ヒッシ**の思いで逃げる（　）暁星 女子聖学院
1053 □「日の丸」の**ハタ**をふる（　）光塩女子学院 富士見
1054 □宮中を**タイシュツ**する（　）洛星 洛南高附
1055 □人生には**タヨウ**な生き方がある（　）十文字 ラ・サール
1056 □考え方の**コンポン**的なちがい（　）川村 筑波大附駒場
1057 □六時発の**キシャ**に乗りおくれる（　）帝京 山脇学園
1058 □水道**カン**の工事をする（　）日本橋女学館 宮崎大附
1059 □**カテイ**科の授業（　）淑徳 明治学院
1060 □図形の**カクド**を求める（　）晃華学園 大阪星光学院
1061 □手に**ショク**をつける（　）学習院中等科 三輪田学園
1062 □髪《かみ》を**サカダ**てておこる（　）晃華学園 灘
1063 □すもうの大会で**ユウショウ**する（　）湘南学園 明星
1064 □**サイショ**の一歩をふみ出す（　）学芸大小金井 日大第二
1065 □サケは川で**サンラン**する（　）宝仙学園 聖学院

1066 □☆**シガイ**地より郊外《こうがい》が住みやすい（　）湘南学園 ラ・サール
1067 □**ジタ**ともにゆるす実力（　）白陵 ほか1校
1068 □**ミレン**がましいことは言うな（　）和洋国府台女子 大阪女学院
1069 □**ミナト**に船がつく（　）日大第二 池田
1070 □★**メガネ**をかけて黒板を見る（　）成城学園 幕張
1071 □**マズ**しい人々をたすける（　）関東学院 高輪
1072 □お礼を**バイ**にして返す（　）帝京 南山男子部
1073 □生物の器官が**タイカ**する（　）同志社女子 広島学院
1074 □方向を見**ウシナ**う（　）佼成学園 松蔭
1075 □大切な点を**キョウチョウ**する（　）桐朋 上宮
1076 □**ショクギョウ**をえらぶ自由（　）十文字 大阪青凌
1077 □木像に☆**ナイゾウ**されたお経《きょう》（　）慶応普通部 淳心学院
1078 □科学**ギジュツ**が進歩する（　）宝仙学園 広島学院
1079 □結末を**スイソク**する（　）高槻 山手学院
1080 □ゆだんは**キンモツ**です（　）駒場東邦 フェリス

A 漢字の書き取り——第37回テスト

●入試に出やすい漢字がよくわかる

出題回数 2回

（10分）

得点 30

■次のぼう線部分のカタカナを漢字に直しなさい。

1081 □それ**ジタイ**に問題はない（　　）晃華学園 大阪星光学院

1082 □物質を構成する**ヨウソ**（　　）東山 ほか1校

1083 □**ヒャクブン**は一見にしかず（　　）川村 共立女子

1084 □固いものをかじって**ハ**がおれた（　　）東京家政学院 清心

1085 □十数人の大**カゾク**（　　）日大第三 愛知教育大附名古屋

1086 □**ヒゲキ**的なストーリー（　　）学芸大世田谷 慶応中等部

1087 □古代歴史の**ケンキュウ**者（　　）芦屋大附 三重

1088 □**ショウバイ**じょうずな人（　　）東洋英和女学院 土佐

1089 □森林**カイハツ**を中止する（　　）武蔵工業大付 ラ・サール

1090 □明日の朝は**カイセイ**だそうだ（　　）光塩女子学院 明治学院

1091 □夢を**ジツゲン**させる（　　）池田 三重

1092 □**ムゲン**に広がる宇宙（　　）池田 洛星

1093 □人気に**タイオウ**する実力がない（　　）頌栄女子学院 東京家政学院

1094 ★□スケジュールを**チョウセイ**する（　　）市川 広島学院

1095 □**ニンシキ**不足な発言（　　）目白学園 追手門学院大手前

1096 □**ミツリン**におおわれた大地（　　）筑波大附駒場 調布

1097 □冷暖房《れいだんぼう》が**カンビ**している（　　）湘南学園 三輪田学園

1098 □川で**ミズア**びをする（　　）学習院女子中等科 目黒星美学園

1099 □**マッタ**く見当はずれな意見（　　）帝京 奈良教育大附

1100 □命を**マット**うする（　　）巣鴨 ほか1校

1101 □リボンを**ムス**ぶ（　　）甲南 甲南女子

1102 □幸せに**ミ**ちた顔（　　）嘉悦女子 佐賀大附

1103 □駅への道をゆび**サ**☆して教える（　　）桐光学園 調布

1104 □植物の発芽について**シラ**べる（　　）立教女学院 芦屋大附

1105 □**コマ**かく注意する（　　）茨城 帝塚山

1106 □外から**カエ**ってうがいをする（　　）法政大第一 日向学院

1107 □人の身**ガ**わりになる（　　）郁文館 四天王寺

1108 □剣術《けんじゅつ》で**ゴシ**に入る達人（　　）跡見学園 日大豊山女子

1109 □運転の**コウシュウ**会に出かける（　　）立命館 名古屋学院

1110 □船で荷物を**ユソウ**する（　　）明星 甲南

A 漢字の書き取り――第38回テスト

●入試に出やすい漢字がよくわかる●

出題回数2回〜1回

（10分）

得点　/30

■次のぼう線部分のカタカナを漢字に直しなさい。

1111 □電車チンを支払《しはら》う（　　）神戸女学院・調布

1112 □自転車にノる（　　）文教大付・日大

1113 □初タイメンのあいさつをする（　　）法政大第二・武蔵工業大付

1114 □富士山のチョウジョウをめざす（　　）戸板・愛知教育大附名古屋

1115 □学期ナカばで転校する（　　）慶応中等部・同志社香里

1116 □おりからニげたタヌキ（　　）関東学院・英数学館

1117 □ニチジョウのできごと（　　）大阪青凌・高知学芸

1118 □お年玉をチョキンする（　　）日大豊山・関西学院

1119 □ケイサツ署におもむく（　　）鎌倉女学院・修道

1120 □試験にサイしての注意（　　）松蔭・土佐女子

1121 □自動車ジコにあう（　　）武庫川・ノートルダム清心

1122 ☆□キショウのあらい馬（　　）女子聖学院・フェリス

1123 □政治家にミッチャク取材をする（　　）上宮・土佐

1124 □真理のタンキュウ（　　）光塩女子学院・土佐

1125 □列車のザセキ指定（　　）甲陽学院

1126 □ひとの日記やシシンは読むな（　　）駒場東邦

1127 □エドマエの寿司《すし》ねた（　　）湘南学園

1128 □父はオウネンの名選手だった（　　）高槻

1129 □おつりはイらないよ（　　）高知

1130 □イフクを着る（　　）東京女子学院

1131 □イマでくつろぐ（　　）山手学院

1132 □今年は暖冬イヘンだ（　　）頌栄女子学院

1133 □ケサの天気はくもりだ（　　）成城学園

1134 □イショクの新人（　　）ラ・サール

1135 □イシン伝心（　　）東大寺学園

1136 ★□腹をカカえて笑う（　　）国学院久我山

1137 □味方のケイセイが不利だ（　　）学習院女子中等科

1138 □ことわざをインヨウする（　　）吉祥女子

1139 ★□ひたすら神にイノる（　　）佼成学園女子

1140 □明治イコウの日本文化の変化（　　）白百合学園

A 漢字の書き取り——第39回テスト

●入試に出やすい漢字がよくわかる

出題回数 1回 （10分） 得点 30

■次のぼう線部分のカタカナを漢字に直しなさい。

1141 □先生に**ケイイ**をはらう（　　）淳心学院
1142 □降雪のしくみを**カイメイ**する（　　）調布
1143 □詩の**イッセツ**を暗記する（　　）香蘭女学校
1144 □**イッシン**に勉強する（　　）頌栄女子学院
1145 □関東**イセイ**の地方（　　）ラ・サール
1146 □この辺**イッタイ**は米の産地だ（　　）麻布
1147 □競走で**イットウショウ**をとる（　　）浅野
1148 □空に**アンウン**がたちこめる（　　）学習院中等科
1149 □冬眠すると蛇《へび》は**カシ**状態に入る（　　）高知
1150 □★**カシコ**く立ち回る（　　）三輪田学園
1151 □自説を☆**コジ**する（　　）聖徳学園
1152 □作戦に重大な**ゴサン**があった（　　）土佐
1153 □恐竜《きょうりゅう》は地球上に**ジツザイ**した（　　）三重大附
1154 □おしいれに★**カク**れる（　　）東京女子学院
1155 □宝くじの当たる**カクリツ**（　　）広島学院
1156 □**カケイ**をきりもりする（　　）武蔵
1157 □計画を**ジッコウ**にうつす（　　）東京成徳短大付
1158 □写真を**ジッケイ**と見くらべる（　　）世田谷学園
1159 □**エンガワ**のある家（　　）東洋英和女学院
1160 □やくそくの★**コクゲン**がすぎる（　　）聖徳学園
1161 □**コクコク**と夕やみがせまる（　　）麻布
1162 □愛を**コクハク**する（　　）江戸川学園取手
1163 □☆★**エンゼツ**のうまい大臣（　　）東京家政学院
1164 □生きることに**シツボウ**する（　　）土佐
1165 □**ゴビ**をはっきり発音しなさい（　　）関東学院
1166 □**コメダワラ**をかつぐ（　　）国士舘
1167 □**エンゲイ**用の花や木（　　）関西学院
1168 □**エンジュク**した技（　　）神戸女学院
1169 □好きなのを**エラ**びなさい（　　）土佐
1170 □**コガイ**に出て遊ぼう（　　）関西学院

A

●入試に出やすい漢字がよくわかる

漢字の書き取り――第40回テスト

出題回数　1回

（10分）

得点　／30

■次のぼう線部分のカタカナを漢字に直しなさい。

1171 □**カクセイキ**を使って話す（　　　）山脇学園
1172 □川の**ゴガン**工事をおこなう（　　　）関東学院
1173 □**シシュンキ**をむかえた子供（　　　）広島城北
1174 □税金の**カクテイ**申告をする（　　　）洗足学園大附
1175 ★□権利を**カクトク**する（　　　）千代田女学園
1176 □力に**カクダン**の差がある（　　　）学習院女子中等科
1177 □劇を**エンシュツ**する（　　　）本郷
1178 □脱走に**シッパイ**する（　　　）武蔵野女子学院
1179 □鳴かぬなら**コロ**してしまえ時鳥《ほととぎす》（　　　）大阪信愛女学院
1180 □栄養**シッチョウ**になる（　　　）巣鴨
1181 ★□議会の**シツギ**応答（　　　）学習院女子中等科
1182 ★□旅館の**ゴラク**室で卓球《たっきゅう》をする（　　　）本郷
1183 □虎穴《こけつ》に入らずんば虎子《こじ》を**エ**ず（　　　）日向学院
1184 □身を**コ**にして働く（　　　）フェリス
1185 □旅行するさいの**ココロエ**（　　　）鎌倉女学院

1186 □へまをして**シッショウ**をかった（　　　）国士舘
1187 □クラス委員を**ジニン**する（　　　）攻玉社
1188 □君は**シッケイ**なやつだな（　　　）日大第二
1189 □**コンジキ**の夕日（　　　）関西大第一
1190 ★□あの**コロ**は楽しかった（　　　）日本橋女学館
1191 ☆□一線を**カク**す（　　　）慶応中等部
1192 □自由民権運動の**シドウ**者（　　　）富士見
1193 ★□君の**サイリョウ**にまかせるよ（　　　）東大寺学園
1194 ☆□せせらぎの音を**サイロク**する（　　　）洛南高附
1195 □**ツウキン**ラッシュの時間帯（　　　）灘
1196 □陸上**ジエイ**隊《たい》に入る（　　　）国学院久我山
1197 □**シオカゼ**による塩害（　　　）目黒星美学園
1198 □鉄棒を**サカテ**でにぎる（　　　）成蹊
1199 □銀行で**ツウチョウ**をつくった（　　　）武蔵
1200 ★□あわやひえなどの**ザッコク**（　　　）玉川学園

A 漢字の書き取り——第41回テスト

●入試に出やすい漢字がよくわかる

出題回数 1回 （10分）

得点 ／30

■次のぼう線部分のカタカナを漢字に直しなさい。

1201 □**ザッカ**品をあつかう店 （　　） 江戸川女子

1202 □責任を☆**ツイキュウ**する （　　） 白陵

1203 □利益を☆**ツイキュウ**する （　　） 玉川学園

1204 □勉強不足を☆**ツウカン**する （　　） 共立女子

1205 □**ツウショウ**「遠山《とおやま》の金さん」 （　　） 雙葉

1206 □ロシア語の**ツウヤク** （　　） 広島学院

1207 □どん底の状態から**サイキ**する （　　） 神戸女学院

1208 □犯人が**ザイジョウ**をみとめる （　　） 海城

1209 □めずらしい草を**サイシュ**する （　　） 城北

1210 □かおりづけに加える**コウリョウ** （　　） 桜美林

1211 □軍隊に**ゴウレイ**をかける （　　） 千葉日大第一

1212 □★**コオ**りつくような寒さ （　　） 高知

1213 □時代の**チョウリュウ**にのる （　　） 幕張

1214 □職業は**チョジュツ**業です （　　） 神奈川大附

1215 □**ゴウイン**なやり方に反対する （　　） 女子聖学院

1216 □☆**ゴショウ**だからお助けください （　　） 甲南

1217 □頭に★**チメイショウ**をおう （　　） 江戸川女子

1218 □**チノウ**指数の高いサルの仲間 （　　） 帝京

1219 □いいところに**チャクガン**する （　　） 芝

1220 □ドイツの☆**ツウカ**はマルクである （　　） 淳心学院

1221 □あらしの前の★**チョウコウ** （　　） 東大寺学園

1222 □億万**チョウジャ**になった夢 （　　） 高知学芸

1223 □もめごとの**チョウテイ**役 （　　） 幕張

1224 □駅の☆**コウナイ**で待ち合わせる （　　） 日本女子大附

1225 □新しい法律が☆**コウフ**される （　　） 東大寺学園

1226 □りんごは私の**コウブツ**です （　　） 学芸大小金井

1227 □ローマ帝国の★**コウボウ** （　　） 玉川学園

1228 □コアラの**シイク**係 （　　） 東京成徳短大付

1229 □☆**サップウケイ**な町並み （　　） 六甲

1230 □おちぶれた家を☆**サイコウ**する （　　） 淳心学院

A 漢字の書き取り——第42回テスト

●入試に出やすい漢字がよくわかる

出題回数 1回

（10分）

得点 /30

■次のぼう線部分のカタカナを漢字に直しなさい。

1231 □授業中のザツダンをつつしむ（　　）福山暁の星女子
1232 □グライダーのチュウガエり飛行（　　）日大第二
1233 □飛行機が空港にチャクリクした（　　）京北
1234 □液体をビンにチュウニュウする（　　）海城
1235 □中学入試のシガン者数（　　）吉祥女子
1236 □マラソンのサンカ者が年々ふえる（　　）富士見
1237 □農薬をサンプする（　　）和洋国府台女子
1238 □☆サイダイもらさず報告する（　　）芝
1239 □合格のおイワいをする（　　）山手学院
1240 □ゲシは昼がもっとも長い（　　）金蘭千里
1241 □ナンカイな文章を読む（　　）女子聖学院
1242 □生意気な口を☆キく（　　）湘南学園
1243 □ドヨウの丑《うし》の日（　　）湘南学園
1244 □寒さで水道管が★ハレツした（　　）佼成学園女子
1245 □★ナゾをかける（　　）佐野日大

1246 □★ナツかしい子供のころ（　　）関東学院
1247 □英語を日本語に★ホンヤクする（　　）江戸川学園取手
1248 □村の古いナラわしにしたがう（　　）関西大第一
1249 □金品で人を★☆バイシュウする（　　）関西大第一
1250 □キョウヨウを身につける（　　）聖学院
1251 □アユを川にホウリュウする（　　）同志社香里
1252 □公害病のニンテイをうける（　　）武蔵工業大付
1253 □海辺のホヨウジョですごす（　　）戸板
1254 □☆タイコにさかえた動植物（　　）淳心学院
1255 □ヤガイキャンプに出かける（　　）高知学芸
1256 □フランスタイシに任命される（　　）関東学院
1257 □地ソウから貝がらが発見された（　　）滋賀大附
1258 □★ドクゼツをふるう（　　）東大寺学園
1259 □タイハンの家は火事で焼けた（　　）高知学芸
1260 □合理化を☆ハカる（　　）海城

A ●入試に出やすい漢字がよくわかる

漢字の書き取り——第43回テスト

出題回数 1回 (10分) 得点 /30

■次のぼう線部分のカタカナを漢字に直しなさい。

1261 □目方を☆**ハカ**る（　）慶応普通部
1262 □映画の主演**ハイユウ**（　）広島女学院
1263 □時間に★**ヨユウ**をもって出発する（　）高輪
1264 □理由を**メイジ**する（　）穎明館
1265 □努力が★**トロウ**に終わる（　）洛南高附
1266 □学校の**フキン**で火事があった（　）池田
1267 □海に★**モグ**って貝をとる（　）本郷
1268 □予算の**フッカツ**をはかる（　）玉川学園
1269 □大雨で新幹線が**フツウ**になった（　）明治学院
1270 □主人公は作者の**ブンシン**である（　）日大第一
1271 □夏は**ニッショウ**時間が長い（　）清心
1272 □台風の★**ヒガイ**を受けた畑（　）江戸川女子
1273 □つくづくと顔を★**ナガ**める（　）本郷
1274 □一回戦で**ハイタイ**する（　）桐蔭学園
1275 □本の**モクジ**を見る（　）淳心学院
1276 □**モウフ**の上にふとんを重ねる（　）恵泉女学園
1277 □ランプの★**トウシン**（　）ラ・サール
1278 □ロケットを**ハッシャ**する（　）淳心学院
1279 □★**バツグン**の成績で入学する（　）江戸川学園取手
1280 □ひみつを★**バクロ**する（　）江戸川女子
1281 □★**ハゲ**しくせきこむ（　）京北
1282 □本の**ネダン**はいくらですか（　）日大第三
1283 □★**トナリ**の客はよく柿食う客だ（　）法政大第二
1284 □大変ご**ブレイ**をいたしました（　）国学院久我山
1285 □**フモウ**の原野が広がる（　）高槻
1286 □足が★**フル**える（　）国学院久我山
1287 □家で**ルスバン**をする（　）暁星
1288 □母は**フジン**雑誌を読んでいる（　）穎明館
1289 □ピアノの**ドクソウ**（　）南山女子部
1290 □☆**トクイ**な才能の持ち主（　）跡見学園

A 漢字の書き取り——第44回テスト

●入試に出やすい漢字がよくわかる

出題回数 1回

（10分）

得点 /30

■次のぼう線部分のカタカナを漢字に直しなさい。

1291 □ドキョウがすわる（　　）雙葉

1292 □モクソクをあやまる（　　）明大明治

1293 □ミッペイされた箱（　　）高槻

1294 □★フブキで視界がきかない（　　）武蔵工業大付

1295 □先頭集団からダツラクする（　　）三輪田学園

1296 □いわしのタイリョウが続く（　　）フェリス

1297 □彼はハクアイ主義者だ（　　）明星

1298 □★ボウキャクしがたいできごと（　　）江戸川学園取手

1299 □選挙でのトクヒョウ数の発表（　　）城北

1300 □☆★うさぎのトクチョウは耳です（　　）東京成徳短大付

1301 □★巣にえさをタクワえる（　　）富士見

1302 □★からすのギョウズイ（　　）熊本マリスト

1303 □ヘイソの心がけが大切だ（　　）日大

1304 □ヒッショウを期して試合にのぞむ（　　）国士舘

1305 □★やさしいビショウをうかべる（　　）目白学園

1306 □津波の被害が新聞でホウじられる（　　）明治学院

1307 □☆本業よりもフク業に精を出す（　　）帝塚山学院泉ケ丘

1308 □ハキョクをむかえた恋《こい》（　　）桜美林

1309 □★台風のヨハでまだ海が荒れている（　　）湘南学園

1310 □先生が鉄棒のモハンを示す（　　）帝塚山学院

1311 □外国に広くモンコを開く（　　）サレジオ学院

1312 □海から女神《めがみ》のセキゾウがあがる（　　）学習院中等科

1313 □清りょう飲料のヨウキ（　　）大谷(京)

1314 □ミョウチョウ出発します（　　）淳心学院

1315 □委員会をセッチする（　　）茨城

1316 □フウカしてしまった遺跡《いせき》（　　）国学院久我山

1317 □★フウガなたたずまいの庭（　　）江戸川学園取手

1318 □今夜からフウセツが強まる（　　）川村

1319 □ヤジルシの方向に進む（　　）穎明館

1320 □自分のヤクメをはたす（　　）聖母学院

A

●入試に出やすい漢字がよくわかる

漢字の書き取り——第45回テスト

出題回数　1回

（10分）

得点　/30

■次のぼう線部分のカタカナを漢字に直しなさい。

1321 □一家の**ダイコクバシラ**（　　）日大第二
1322 □力士の★**ケショウ**まわし（　　）江戸川学園取手
1323 □大地《じ》震《しん》にも**ヘイゼン**としている（　　）高知
1324 □お手伝いさんを★**ヤト**う（　　）本郷
1325 □本を**ユウソウ**する（　　）北豊島
1326 □**ヒカン**的なものの見方（　　）神戸女学院
1327 □気が☆**ドウテン**する（　　）岡山白陵
1328 □★**トウセイ**のとれた羊の群れ（　　）賢明女子学院
1329 □**フデ**で手紙を書く（　　）昭和女子大昭和
1330 □**ミジタク**をととのえる（　　）高槻
1331 □**ミゴト**な枝ぶりの松（　　）東洋英和女学院
1332 □最近の天候は**フジュン**だ（　　）淳心学院
1333 □元気に**ヘンジ**をする（　　）芝浦工業大
1334 □**リソウテキ**な住まい（　　）大阪青凌
1335 □父は四十歳を★**ムカ**えた（　　）松蔭

1336 □**ムエキ**な争いをさける（　　）豊島岡女子学園
1337 □あれこれ店内を**ブッショク**する（　　）市川
1338 □弟に勝ちを★**ユズ**る（　　）本郷
1339 □水と油の**ヒジュウ**をしらべる（　　）穎明館
1340 □**ヒキ**こもごもの体験を語る（　　）高槻
1341 □金属の**ハヘン**（　　）明星
1342 □はげましの言葉に★**ハップン**する（　　）玉川学園
1343 □外国と**ドウメイ**を結ぶ（　　）幕張
1344 □**トウダイ**もと暗し（　　）学習院女子中等科
1345 □ありがた★**メイワク**な話だ（　　）高輪
1346 □火事で★**ルイショウ**をまぬがれる（　　）江戸川女子
1347 □★**メンミツ**な計画を立てる（　　）世田谷学園
1348 □自我が**メバ**える（　　）フェリス
1349 □☆**フクスウ**の人間（　　）戸板
1350 □無罪を**リッショウ**する（　　）富士見

A

●入試に出やすい漢字がよくわかる

漢字の書き取り——第46回テスト

出題回数　1回

（10分）

得点　　/30

■次のぼう線部分のカタカナを漢字に直しなさい。

1351 □どちらが本物かハンベツする（　　）トキワ松学園
1352 □グループのハンチョウになる（　　）玉川学園
1353 □★ハクシキな学者（　　）洛南高附
1354 □ドレスで美しく★ヨソオう（　　）品川女子学院
1355 □ニンイにメンバーを選ぶ（　　）学習院女子中等科
1356 □恩恵《おんけい》にヨクする（　　）フェリス
1357 □キョクタンなものの見方（　　）関東学院
1358 □サーカスのキョクゲイ（　　）淳心学院
1359 □興味ホンイで書かれた記事（　　）同志社女子
1360 □版画を★ホる（　　）関東学院
1361 □新政権が★ホッソクする（　　）巣鴨
1362 □人にまかせても★ダイジョウブだ（　　）京北
1363 □学校設立の★ホッキ人になる（　　）玉川学園
1364 □書類を☆フクシャする（　　）淳心学院
1365 □思想の☆テンコウをはかる（　　）洛星

1366 □伝染病《でんせんびょう》のヨボウ注射（　　）佼成学園女子
1367 □出版社のコウセイ係（　　）文京女子大
1368 □会社のっとりのヨクボウをいだく（　　）ノートルダム女学院
1369 □忘年会の★ヨキョウで手品をする（　　）慶応普通部
1370 □飛行機がフジチャクする（　　）明星女子部
1371 □桜とドウルイの植物（　　）明星女子部
1372 □しきりに★テイサイを気にする（　　）慶応中等部
1373 □★ニても焼いても食えないやつ（　　）富士見丘(横)
1374 □遅刻《ちこく》のベンカイをする（　　）聖光学院
1375 □夜になってヨウダイが悪化した（　　）郁文館
1376 □海辺の宿に☆★トまる（　　）帝京
1377 □ノジュクで一夜をあかした（　　）広島城北
1378 □品物をノウニュウする（　　）京北
1379 □★トトウを組んで倉におしいる（　　）南山女子部
1380 □スイカをホウチョウで切る（　　）洛星

A 漢字の書き取り――第47回テスト

●入試に出やすい漢字がよくわかる

出題回数　1回

（10分）

得点　/30

■次のぼう線部分のカタカナを漢字に直しなさい。

1381 □★ホウソウ紙でつつむ（　　）灘
1382 □中国を侵略《しんりゃく》するというボウキョ（　　）東京家政学院
1383 □敵方にホウイされる（　　）明大明治
1384 □☆大臣がトウベンする（　　）駒場東邦
1385 □★半トウメイのごみ袋《ぶくろ》を使う（　　）関東学院
1386 □テセイのクリスマスケーキ（　　）獨協
1387 □☆★ボウケン好きの少年（　　）国学院久我山
1388 □マラソンで大量のラクゴ者が出た（　　）サレジオ学院
1389 □試験でラクダイ点をもらった（　　）久留米大附設
1390 □国会でトウロンを行う（　　）日出女子学園
1391 □☆ドウケ役者（　　）開成
1392 □★親しき仲にもレイギあり（　　）熊本マリスト
1393 □ユゲの立ちのぼる鍋《なべ》（　　）武蔵
1394 □食品を冷凍《れいとう》ホゾンする（　　）学習院女子中等科
1395 □品物を倉庫にホカンする（　　）調布

1396 □国際キョウリョクの必要な時代（　　）日大豊山
1397 □★ヒツゼツにつくしがたい苦しみ（　　）明大明治
1398 □ユクエをくらます（　　）国士舘
1399 □★ユカイに一日をすごす（　　）明治学院
1400 □フカイな気持ちにさせられる（　　）福山暁の星女子
1401 □知っている名前をレッキョする（　　）関東学院
1402 □マンテンの星（　　）十文字
1403 □★血液がギョウコする（　　）晃華学園
1404 □★死ぬ前にユイゴンを書く（　　）学習院女子中等科
1405 □★ミリョクあふれる都市づくり（　　）江戸川学園取手
1406 □ガスストーブにテンカする（　　）熊本マリスト
1407 □環境にテキオウする（　　）調布
1408 □有名な寺院をハイカンする（　　）京華女子
1409 □★子供とタワムれる子犬（　　）城西大城西
1410 □二人のカドデをいわう（　　）桐朋

入試に出やすい漢字がよくわかる

A 漢字の書き取り——第48回テスト

出題回数 1回

（10分）

得点 ／30

■次のぼう線部分のカタカナを漢字に直しなさい。

1411 □ホウマンな肉体（　　）鎌倉女学院

1412 □人員をホジュウする（　　）玉川学園

1413 □ダンケツしてことにあたる（　　）千葉日大第一

1414 □マキバに放しがいの牛（　　）神戸女学院

1415 □編み物にヨネンがない（　　）文京女子大

1416 □★ダイタンな演技をする（　　）国学院久我山

1417 □食事のツド、薬をのみなさい（　　）東大寺学園

1418 □ニュウネンに作戦をねる（　　）麻布

1419 □バクシュウは夏の季語（　　）湘南学園

1420 □名画をモシャする（　　）目白学園

1421 □ヨビ知識をあたえる（　　）宝仙学園

1422 □フダン着ででかける（　　）高輪

1423 □あかりにヨってくる虫（　　）土佐

1424 □先生が来月テンニンされる（　　）武蔵

1425 □★フンコツ砕身《さいしん》して働く（　　）東大寺学園

1426 □財布《さいふ》を★☆フンシツしてしまった（　　）早実

1427 □谷間にテンザイする家（　　）嘉悦女子

1428 □テンセイの素質にめぐまれる（　　）学習院女子中等科

1429 □★ミミザワりな機械音（　　）高槻

1430 □ダサン的な考え方はよくない（　　）明星男子部

1431 □明るい色を☆キチョウとした部屋（　　）フェリス

1432 □百科事典は知識のホウコだ（　　）慶応普通部

1433 □★ユウシュウの美をかざる（　　）サレジオ学院

1434 □レンジツにぎわう市場（　　）高知学芸

1435 □自信をもってダンゲンする（　　）慶応湘南藤沢

1436 □悪習をダハする（　　）巣鴨

1437 □リンカイ工業地帯（　　）東京立正

1438 □訪問客の☆オウタイにいそがしい（　　）普連土学園

1439 □オクガイで遊ぶ（　　）栄光学園

1440 □オクナイのスケートリンク（　　）神戸女学院

A 漢字の書き取り

●入試に出やすい漢字がよくわかる●

第49回テスト

出題回数 1回

(10分)

得点 /30

■次のぼう線部分のカタカナを漢字に直しなさい。

1441 □富士の頂上から**ウンカイ**を見る（　　）湘南学園
1442 □身体検査で**キョウイ**をはかる（　　）慶応普通部
1443 □★故人《こじん》の**オモカゲ**をしのぶ（　　）慶応湘南藤沢
1444 □人に**キガイ**を加える（　　）奈良教育大附
1445 □★空をふり**アオ**ぐ（　　）早実
1446 □**アオナ**に塩（　　）フェリス
1447 □下士官に**クンコク**をあたえる（　　）吉祥女子
1448 □★肉食に**ア**きる（　　）武蔵工業大付
1449 □高山植物の**グンセイチ**（　　）淳心学院
1450 □署長《しょちょう》の**クンジ**はいつも長い（　　）東大寺学園
1451 □政治の世界を**ギュウジ**る人物（　　）関西大第一
1452 □被災《ひさい》者を**キュウサイ**する（　　）親和
1453 □**アイショウ**で名前を呼びあう（　　）淳心学院
1454 □★山が**クズ**れる（　　）本郷
1455 □**クシン**してつくった犬小屋（　　）帝京

1456 □仕事に**クギリ**をつける（　　）雙葉
1457 □土地の**クカク**整理（　　）芝
1458 □**アイチャク**をもっているパイプ（　　）聖学院
1459 □飛行機で**クウユ**されてきた魚（　　）湘南学園
1460 □おばあさんの話し**アイテ**になる（　　）女子聖学院
1461 □☆**キュウキュウタイ**が出動する（　　）成蹊
1462 □**キュウインカ**の強い掃除機《そうじき》（　　）淳心学院
1463 □怒《いか》りのあまり**ギャクジョウ**する（　　）関西大第一
1464 □てこの原理を**オウヨウ**する（　　）香川大附坂出
1465 □★車内は**キンエン**です（　　）京北
1466 □しかりすぎは**ギャクコウカ**だ（　　）城北
1467 □★**キジョウ**の空論をとなえる（　　）サレジオ学院
1468 □**キリツ**正しい生活を送る（　　）玉川学園
1469 □★**キュウテンチョッカ**の結末（　　）白百合学園
1470 □ふたりは**キュウチ**の間がらだ（　　）東大寺学園

A 漢字の書き取り――第50回テスト

●入試に出やすい漢字がよくわかる

出題回数　1回

（10分）

得点　/30

■次のぼう線部分のカタカナを漢字に直しなさい。

1471 ★ □ぶどうの実がよく**ウ**れた　親和
1472 □**オンジョウ**のこもった言葉　穎明館
1473 □バスが**オウテン**した　世田谷学園
1474 □世間を**オドロ**かせた事件　英数学館
1475 ★ □お金の**クメン**をする　晃華学園
1476 □読書の宿題を**カ**す　文京女子大
1477 ★ □耳を**カタム**ける　世田谷学園
1478 ★ □**アザ**やかな色の服　江戸川学園
1479 □**オカシラ**つきで合格をいわう　湘南学園
1480 □いいところを見せようと**キオ**う　穎明館
1481 □多くの人に**アイコウ**される音楽　横浜英和女学院
1482 □**キンセン**感覚のとぼしい友だち　履正社学園豊中
1483 □**キンリョク**トレーニング　立教
1484 □スイセンの**キュウコン**　目白学園
1485 □一**オク**円をひろう　雙葉

1486 □神仏を**オガ**む　サレジオ学院
1487 □用紙に名前を**キニュウ**する　昭和女子大昭和
1488 ★ □親の**エイキョウ**を受ける　本郷
1489 □バスから**オ**りる　サレジオ学院
1490 □うば車を**オ**す　関東学院
1491 □A君は**ウワゼイ**がある　城北
1492 □**クウフク**でたおれそうだ　藤村女子
1493 □**キャッカン**的なものの見方　浅野
1494 □**オオバン**のノートを買う　広島女学院
1495 □試験問題が**クバ**られる　佼成学園女子
1496 □**セダイ**間のギャップを感じる　灘
1497 □試合は**セッセン**となった　玉川学園
1498 □経費を**セツゲン**する　明星
1499 □**ヒョウコウ**の低い山　晃華学園
1500 □あやまちを**シャザイ**する　桐朋

B

●入試に出やすい漢字がよくわかる●

漢字の読み――第1回テスト

出題回数16回〜7回

（10分）

得点 ／30

■次のぼう線部分の漢字の読みをひらがなで書きなさい。

1 □いつもの口調でしゃべった（　　）芝・京華女子・熊本マリスト ほか13校
2 □手間を省く（　　）湘南学園・玉川学園 ほか13校
3 □勇気を★奮う（　　）東海大付浦安・奈良学園 ほか13校
4 □雑木林をぬけて行く（　　）宝仙学園・学習院女子中等科 ほか13校
5 □人の気配がする（　　）本郷・日大第三・奈良学園 ほか9校
6 □農業を営む（　　）京華・文京女子大・嘉悦女子 ほか8校
7 □罪を裁く（　　）玉川学園・成蹊・金光学園 ほか8校
8 □説を唱える（　　）幕張・恵泉女学園 ほか9校
9 □布が☆縮む（　　）文教大付・淳心学院・茨城 ほか8校
10 □五年の年月を費やす（　　）山手学院・大妻・東京女子学園 ほか8校
11 □貴重な経験をする（　　）佼成学園女子・佐野日大・東山 ほか8校
12 □彼は私の忠告を退けた（　　）芝・十文字・成城学園・富士見 ほか7校
13 □旅行の計画を練る（　　）森村学園・川村・山手学院 ほか7校
14 □努力に報いる（　　）成城・東洋英和女学院 ほか8校
15 □石に文字を刻む（　　）学習院女子中等科・日大豊山 ほか8校

16 □情熱を注ぐ（　　）宝仙学園・東海・関西大第一 ほか6校
17 □字を書き損なう（　　）鎌倉学園・成城・奈良学園 ほか6校
18 □親に逆らう年ごろ（　　）学習院女子中等科・金光学園 ほか7校
19 □もう一度試みる（　　）茨城・京華女子・東京家政学院 ほか6校
20 □楽器を☆奏でる（　　）青山学院・芝・豊岡女子学園 ほか6校
21 □事務所を設ける（　　）山手学院・雙葉・聖学院 ほか6校
22 □ねこの額ほどの庭（　　）宝仙学園・富士見・法政大第二 ほか6校
23 □険しい山道を歩く（　　）宝仙学園・京華・攻玉社 ほか6校
24 □大軍を率いて敵をせめる（　　）幕張・東海・十文字 ほか5校
25 □☆和やかな表情（　　）早実・東洋英和女学院・攻玉社 ほか5校
26 □☆便乗値上げに反対する（　　）和洋九段女子・実践女子学園 ほか6校
27 □お茶を★勧める（　　）成城・金城学院・立正・大妻 ほか4校
28 □★無造作にあつかう（　　）茨城・安田学園・四天王寺 ほか4校
29 □正しい方向に導く（　　）宝仙学園・文教大付・日大 ほか4校
30 □都合がつかない（　　）京華・藤村女子・東京女子学院 ほか4校

B 漢字の読み——第2回テスト

●入試に出やすい漢字がよくわかる

出題回数7回〜5回

（10分）

得点 ／30

■次のぼう線部分の漢字の読みをひらがなで書きなさい。

31 □仕事を**任**せる　（　　）　山手学院・西南女学院・立正　ほか4校

32 □仏の教えを**説**く　（　　）　品川女子学院・香川大附高松　ほか5校

33 □恐ろしい**形相**をした男 ★　（　　）　奈良学園・郁文館・青山学院　ほか4校

34 □**志**をもって生きる ☆　（　　）　立教女学院・修道・清風南海　ほか4校

35 □**戸外**の寒さにふるえる　（　　）　筑波大附駒場・西大和学園　ほか5校

36 □小鳥の声で目を**覚**ます　（　　）　関西大第一・成美学園女子　ほか5校

37 □旧家を**訪**れる　（　　）　富士見・玉川学園・郁文館　ほか4校

38 □老人を**敬**う　（　　）　嘉悦女子・成蹊・同志社香里　ほか4校

39 □山の**頂**に朝日があたる　（　　）　立教女学院・東山・金城学院　ほか4校

40 □**健**やかに成長する　（　　）　目白学園・横浜共立学園　ほか4校

41 □手のこんだ**細工**をほどこす　（　　）　比治山女子・金光学園　ほか4校

42 □地震に**備**える　（　　）　三重・学習院女子中等科　ほか4校

43 □**率先**しておこなう ☆　（　　）　成城・攻玉社・名古屋学院　ほか3校

44 □神社の**境内** ☆　（　　）　学習院中等科・藤村女子　ほか4校

45 □申し出を**断**る　（　　）　山手学院・品川女子学院　ほか4校

46 □門の**構**えがりっぱな家　（　　）　横浜国大横浜・成城学園　ほか4校

47 □**河川**がはんらんする　（　　）　山手学院・上宮・文京女子大　ほか3校

48 □事故現場に人が**群**がる　（　　）　捜真女学校・同志社香里・高田ほか3校

49 □この一年間を**省**みる　（　　）　日大第二・鎌倉学園・富士見　ほか3校

50 □自在に舟を**操**る　（　　）　東海大付浦安・聖徳学園・芝　ほか3校

51 □この**辺**りにあるはずだ　（　　）　淳心学院・東京家政学院・淑徳ほか3校

52 □**快**い返事　（　　）　玉川学園・成美学園女子　ほか4校

53 □池に自分のすがたが**映**る　（　　）　立教女学院・豊島岡女子学園　ほか4校

54 □相手の**意図**を見ぬく　（　　）　森村学園・京華女子・十文字　ほか3校

55 □父の**安否**を気づかう　（　　）　文京女子大・名古屋学院　ほか4校

56 □**潔**い態度をとる ☆　（　　）　攻玉社・品川女子学院　ほか4校

57 □柿の実が**熟**れる　（　　）　目白学園・久留米大附設　ほか4校

58 □**木綿**の着物 ☆　（　　）　本郷・武蔵工業大付　ほか3校

59 □みんなに**重宝**がられる人物　（　　）　森村学園・日大第三・暁星　ほか2校

60 □長い年月を**経**る　（　　）　湘南学園・修道・安田女子　ほか2校

B ●入試に出やすい漢字がよくわかる●

漢字の読み——第3回テスト

出題回数5回～4回

（10分）

得点
30

■次のぼう線部分の漢字の読みをひらがなで書きなさい。

61 □**風情**のある庭（　　）山手学院・暁星・郁文館 ほか2校
62 □**容易**には解けない問題（　　）聖徳学園・香川大附坂出 ほか3校
63 □良薬は口に**苦**し（　　）日大豊山・武蔵野女子学院 ほか3校
64 □いい加減にはできない**性分**（　　）攻玉社・広島城北・松蔭 ほか2校
65 □いいつけに**背**く ★（　　）帝塚山学院・佐野日大 ほか3校
66 □体を**反**らす（　　）品川女子学院・金光学園 ほか3校
67 □田畑を**耕**す（　　）学習院女子中等科・目白学園 ほか3校
68 □友人を**訪**ねる（　　）和洋九段女子・賢明女子学院 ほか3校
69 □新入社員を**採**る（　　）山手学院・三重・成城学園 ほか2校
70 □不足分を**補**って完成させる（　　）埼玉大附・学習院女子中等科 ほか3校
71 □最新技術を**会得**する ☆（　　）成城・富士見・東京女子学院 ほか2校
72 □難民を**救済**する ☆（　　）鎌倉学園・南山女子部 ほか3校
73 □太陽の光を十分に**浴**びる（　　）藤村女子・十文字・高知 ほか2校
74 □馬が**暴**れる（　　）奈良学園・頌栄女子学院・大妻 ほか2校
75 □具体例を**挙**げる（　　）鎌倉学園・高輪・甲南女子 ほか2校

76 □風邪《かぜ》に**効**く薬（　　）玉川学園・成蹊・東海 ほか2校
77 □**強情**を張る（　　）日出女子学園・森村学園・暁星 ほか2校
78 □**見聞**を広める（　　）品川女子学院・南山女子部 ほか3校
79 □年賀状を**刷**る（　　）山手学院・帝塚山学院 ほか3校
80 □**頭上**をかすめ飛ぶつばめ（　　）鷗友学園女子・山脇学園 ほか3校
81 □**素直**な性格（　　）品川女子学院・捜真女学校 ほか3校
82 □**車窓**からの風景を楽しむ ☆（　　）同志社香里・森村学園・国士舘 ほか2校
83 □海外旅行の**土産**をもらった ★（　　）鎌倉女学院・西大和学園 ほか2校
84 □友だちを家に**招**く（　　）トキワ松学園・南山男子部 ほか2校
85 □**容姿**の美しい人（　　）茨城・成城学園・安田女子 ほか1校
86 □**養蚕**がさかんな地域（　　）森村学園・サレジオ学院 ほか2校
87 □名前の**由来**（　　）同志社・日向学院・安田学園 ほか1校
88 □重要な役割を**担**う（　　）早実・玉川学園・奈良学園 ほか1校
89 □海に**臨**む別荘（　　）山手学院・東海大付浦安 ほか2校
90 □いま父は**留守**です（　　）佼成学園・松蔭・徳島文理 ほか1校

B 漢字の読み

●入試に出やすい漢字がよくわかる●

第4回テスト

出題回数　4回

（10分）

得点　／30

■次のぼう線部分の漢字の読みをひらがなで書きなさい。

91□**類似**品に注意する（　　）文京女子大・横浜共立学園　ほか2校
92□商品を**豊富**にそろえる（　　）安田学園・日出女子学園　ほか2校
93□持病の**発作**が起きる（　　）暁星・浅野・品川女子学院　ほか1校
94□**貧富**の差がはげしい（　　）富士見・日出女子学園　ほか2校
95□**反応**がない（　　）比治山女子・プール学院　ほか2校
96□死んでも**本望**☆だ（　　）芝・小野学園女子・宝仙学園　ほか1校
97□山々が**連**なる（　　）成城学園・瀧野川女子学園　ほか2校
98□型に合わせて布を**裁**つ（　　）聖徳学園・郁文館・目白学園　ほか1校
99□**七夕**のかざり（　　）品川女子学院・大阪女学院　ほか2校
100□温度を一定に**保**つ（　　）東邦大東邦・学習院中等科　ほか2校
101□相手に**済**まないと思う（　　）日大・芝・山手学院　ほか1校
102□学問を**修**める（　　）京華女子・履正社学園豊中　ほか2校
103□書物を**著**す（　　）愛知淑徳・帝塚山学院　ほか2校
104□部下に酒を**強**いる（　　）日大豊山・東京女子学園　ほか2校
105□熱が**冷**める（　　）サレジオ学院・奈良学園　ほか2校

106□海底の資源を**探**る（　　）宝仙学園・成城・英数学館　ほか1校
107□税金を**納**める（　　）武蔵野女子学院・同志社香里　ほか2校
108□熱が出て**悪寒**☆がする（　　）聖徳学園・日大豊山女子　ほか2校
109□大阪を**経由**して東京に行く（　　）国士舘・芝・南山女子部　ほか1校
110□**眼下**に広がる町並み（　　）高輪・桜美林・佐賀大附　ほか1校
111□人の**往来**がはげしい（　　）広島大附・江戸川女子　ほか2校
112□城を**築**☆く（　　）清風南海・高知・成美学園女子　ほか1校
113□春の**息吹**☆★が感じられる（　　）明星男子部・青山学院　ほか2校
114□**田舎**に帰る（　　）佼成学園・西大和学園・市川　ほか1校
115□徳川と豊臣の**合戦**☆（　　）成城学園・東京女子学院　ほか2校
116□窓からの**景色**（　　）鎌倉女学院・南山女子部・清心　ほか1校
117□油断は**禁物**だ（　　）国府台女子学院・和洋九段女子　ほか2校
118□鎌倉時代に**建立**された寺（　　）嘉悦女子・郁文館・森村学園　ほか1校
119□**異**なった考えをもつ（　　）佐賀大附・学習院女子中等科　ほか2校
120□大きな丸太を**転**がす（　　）西南女学院・四天王寺　ほか2校

B 漢字の読み——第5回テスト

●入試に出やすい漢字がよくわかる●

出題回数4回～3回 (10分)

得点 /30

■次のぼう線部分の漢字の読みをひらがなで書きなさい。

121 □**極**めて合理的な考え方だ ( ) 明治学院・大阪女学院 ほか2校

122 □河口で魚を獲《と》る**漁師** ( ) 上宮・甲南・宮崎大附・暁星

123 □選挙資金を**工面**する ( ) 横浜共立学園・青山学院・上宮ほか1校

124 □**納得**できない話 ( ) 山手学院・比治山女子・京華 ほか1校

125 □パズルを**解**く ( ) 東海大付浦安・聖徳学園 ほか1校

126 □責任を**負**う ( ) 目白学園・高輪・法政大第一

127 □☆**早速**ご返事いたします ( ) 日大豊山・東京家政学院・高輪

128 □試合の**最中**に雨が降り出す ( ) 立教女学院・芦屋大附・上宮

129 □赤ん坊を**背負**う ( ) 東京成徳短大付・四天王寺・日大

130 □☆春の**兆**しをつげる風 ( ) 目白学園・青山学院・玉川学園

131 □**簡潔**な文章 ( ) 奈良学園・国府台女子学院 ほか1校

132 □失敗した**訳**をたずねる ( ) 山手学院・恵泉女学園・日大第三

133 □あの人は目が**利**く ( ) 攻玉社・市川高輪

134 □ガード下に**屋台**がならぶ ( ) 藤村女子・明治学院・土佐女子

135 □お昼の**仕度**をする ( ) 四天王寺・愛知淑徳・桐光学園

136 □**強引**なやり方 ( ) トキワ松学園・聖徳学園・佐野日大

137 □☆**真紅**のバラの花 ( ) 宝仙学園・江戸川女子・目白学園

138 □時間を**割**く ( ) 宝仙学園・幕張・関西大第一

139 □虫メガネで**拡大**する ( ) 京華・静岡英和女学院・広島大附東雲

140 □いつも**朗**らかな人 ( ) 聖徳学園・千葉日大第一・愛知淑徳

141 □★波間に**漂**うボート ( ) 本郷・世田谷学園・捜真女学校

142 □列を**整**える ( ) 東京女子学園・智辯学園 ほか1校

143 □委員長に**就任**する ( ) 文京女子大・鎌倉学園・国士舘

144 □解決を**図**る ( ) 日大第二・清風南海・宝仙学園

145 □目方を**量**る ( ) 南山女子部・青雲・西南女学院

146 □木の**幹**にセミがとまる ( ) 瀧野川女子学園・嘉悦女子・松蔭

147 □ヤカンから**湯気**が出てきた ( ) 雙葉・高田・明星男子部

148 □つり糸を**垂**らす ( ) サレジオ学院・日向学院・日大

149 □私は**元来**明るい性格です ( ) 京華女子・共立女子・洗足学園大附

150 □☆**縦横**に走りまわる ( ) 攻玉社・嘉悦女子・南山男子部

B 漢字の読み──第6回テスト

●入試に出やすい漢字がよくわかる

出題回数 3回

（10分）

得点　／30

■次のぼう線部分の漢字の読みをひらがなで書きなさい。

151 □**立派**な心がけ　（　　）　名古屋学院・清心・東京成徳短大付

152 □**生糸**の産地　（　　）　国府台女子学院・サレジオ学院ほか1校

153 □詩を**朗読**する　（　　）　日本橋女学館・安田学園・戸板

154 □先生について**修業**する　（　　）　ヴィアトール洛星・日大豊山　ほか1校

155 □りんごを**出荷**する　（　　）　日大豊山・日大第二・茨城

156 □設備を**拡張**する　（　　）　日出女子学園・武蔵野女子学院ほか1校

157 □人命の**尊重**　（　　）　明星女子部・筑波大附駒場・高田

158 □夕やけが空を赤く**染**めた　（　　）　佼成学園女子・同志社香里・玉川学園

159 □敵の**背後**にまわる　（　　）　江戸川女子・四天王寺・清風

160 □失敗をいつまでも気に**病**む　（　　）　昭和女子大昭和・高輪　ほか1校

161 □**著**しく発展する　（　　）　佐野日大・瀧野川女子学園　ほか1校

162 □実力を**発揮**する　（　　）　小野学園女子・日出女子学園・佐野日大

163 □地方を★**遊説**する　（　　）　森村学園・学習院女子中等科　ほか1校

164 □政府の方針を**批判**する　（　　）　日本橋女学館・横浜国大横浜　ほか1校

165 □伝統的な日本の**家屋**　（　　）　京華女子・青山学院・奈良学園

166 □**素手**でうなぎをつかむ　（　　）　目白学園・桜美林・青山学院

167 □**往復**はがき　（　　）　日出女子学園・横浜国大横浜　ほか1校

168 □髪の毛を★**束**ねる　（　　）　佐野日大・香川県大手前高松　ほか1校

169 □**定規**で正確に線を引く　（　　）　三輪田学園・甲南・小野学園女子

170 □**工夫**がたりない　（　　）　富士見・安田学園・昭和女子大昭和

171 □川に**沿**った道　（　　）　品川女子学院・サレジオ学院・青山学院

172 □**音色**のよい笛《ふえ》　（　　）　香川大附坂出・熊本マリスト　ほか1校

173 □まるで☆**意気地**のない男だ　（　　）　久留米大附設・瀧野川女子学園ほか1校

174 □現在に**至**るまで連絡がない　（　　）　富士見丘(東)・愛知淑徳・同志社香里

175 □非常にめずらしい**現象**　（　　）　品川女子学院・吉祥女子・東京家政学院

176 □市長と収入役を**兼**ねる　（　　）　幕張・捜真女学校・同志社香里

177 □まだ☆**分別**のつかない子供　（　　）　暁星・戸板・広島城北

178 □風邪《かぜ》をひいて☆**解熱**剤《ざい》を飲む　（　　）　徳島文理・城西川越・目白学園

179 □**細心**の注意をはらう　（　　）　学習院女子中等科・成城学園　ほか1校

180 □仕事に**慣**れる　（　　）　宝仙学園・香川県大手前高松　ほか1校

B

●入試に出やすい漢字がよくわかる●

漢字の読み——第7回テスト

出題回数3回〜2回

（10分）

得点　／30

■次のぼう線部分の漢字の読みをひらがなで書きなさい。

181 □おだやかな**日和**☆が続く（　　）森村学園・佼成学園・目白学園

182 □青魚は**傷**☆みやすいので注意する（　　）日大豊山女子・高輪・日大豊山

183 □**平生**☆の心がけが大切だ（　　）芝・ヴィアトール洛星・郁文館

184 □**仮病**☆をつかって学校を休む（　　）鎌倉学園・東京女子学園　ほか1校

185 □道路の雪を**除**く（　　）成蹊・川村・芝浦工業大

186 □**絵画**教室に通う（　　）三輪田学園・国府台女子学院　ほか1校

187 □夏休みに**帰省**する（　　）文京女子大・徳島文理・森村学園

188 □インゲンマメの**発芽**実験（　　）実践女子学園・立教女学院・嘉悦女子

189 □**小児**科のお医者さん（　　）宝仙学園・立正・佐賀大附

190 □**眺**めのよいホテル（　　）江戸川学園取手・四天王寺羽曳丘・高輪

191 □墓前《ぼぜん》に花を**供**☆える（　　）東海大付浦安・南山女子部　ほか1校

192 □逃げ道を**断**たれる（　　）学習院女子中等科・玉川学園　ほか1校

193 □**絹**織物で有名な都市（　　）東京成徳短大付・成城学園　ほか1校

194 □あてが**外**れる（　　）甲南・サレジオ学院・実践女子学園

195 □一家を**支**える（　　）幕張・日大・土佐女子

196 □明治の**名残**☆りをとどめる町並み（　　）攻玉社・国学院久我山・武蔵工業大付

197 □念願を**成就**★する（　　）目白学園・攻玉社・学習院女子中等科

198 □**荘厳**☆な夕やみに包まれた遺跡（　　）三輪田学園・芝・瀧野川女子学園

199 □電話をかけるときの**心得**（　　）京華女子・国府台女子学院・安田女子

200 □**直**ちに出発する（　　）長崎大附・普連土学園・幕張

201 □ウグイスの**初音**☆を聞いた（　　）鷗友学園女子・淳心学院・立正

202 □白熱したゲームに**興奮**する（　　）日大第三・四天王寺・日出女子学園

203 □**規模**の大きい工場（　　）成城学園・成城・山手学院

204 □行き過ぎを**是正**する（　　）暁星・鎌倉学園・甲南

205 □**一切**の責任をおう（　　）武蔵野女子学院・東山　ほか1校

206 □混乱して**収拾**がつかない（　　）山手学院・聖徳学園

207 □自分の意見を**率直**に述べる（　　）聖徳学園・鎌倉学園

208 □父の**生家**は山形県にある（　　）吉祥女子・武庫川

209 □人の非を**責**める（　　）山手学院・宝仙学園

210 □少し**頭痛**がする（　　）東京立正・西南女学院

B

●入試に出やすい漢字がよくわかる●

漢字の読み――第8回テスト

出題回数 2回

（10分）

得点 /30

■次のぼう線部分の漢字の読みをひらがなで書きなさい。

211 □**無作法**な態度（　　）西南女学院・青山学院

212 □**貿易**赤字の拡大（　　）日出女子学園・清風南海

213 □**専**★ら読書ばかりしている（　　）横浜共立学園・玉川学園

214 □世界の**若人**が集まるオリンピック（　　）明星男子部・青山学院

215 □**速**☆やかに行動する（　　）鎌倉学園・学習院女子中等科

216 □**双眼鏡**を買ってもらう（　　）明治学院・国本女子

217 □事件の真相を**暴**☆く（　　）成城・芝

218 □富士山を**目**☆のあたりにする（　　）青山学院・聖光学院

219 □けがの**功名**☆（　　）学習院女子中等科・文教大付

220 □消費者の**需要**に応じる（　　）聖徳学園・横浜国大横浜

221 □**不細工**な顔（　　）奈良学園・鈴鹿

222 □**生涯**★教育（　　）四天王寺・高知

223 □お金の**貸借**はやめよう（　　）東京立正・日出女子学園

224 □大いに**発奮**する（　　）成城・安田女子

225 □祖母は**柔和**★な顔をしている（　　）明星男子部・千葉日大第一

226 □**定石**☆どおりにことを進める（　　）玉川学園・安田学園

227 □**災**いがふりかかる（　　）成城・賢明女子学院

228 □**納屋**にものをしまう（　　）三輪田学園・西大和学園

229 □スポーツを**奨励**★する（　　）三輪田学園・四天王寺羽曳丘

230 □市場に野菜が**入荷**する（　　）鎌倉学園・文京女子大

231 □**消息**がとだえる（　　）松蔭・日本橋女学館

232 □品物を**売買**する（　　）清風南海・嘉悦女子

233 □今が**試練**の時だ（　　）頌栄女子学院・明星女子部

234 □**無器用**な手先（　　）品川女子学院・東京家政学院

235 □両者の主張には**隔**★たりがある（　　）本郷・鷗友学園女子

236 □思わず**弱音**をはく（　　）聖徳学園・金光学園

237 □**視野**が広がる（　　）明星男子部・明治学院

238 □利根川の**流域**（　　）横浜国大横浜・高知大附

239 □交番に**拾得物**を届ける（　　）横浜共立学園・愛知淑徳

240 □かれはとても**律義**な人だ（　　）富士見・文京女子大

B 漢字の読み ——第9回テスト

●入試に出やすい漢字がよくわかる●

出題回数 2回

（10分）

得点 ／30

■次のぼう線部分の漢字の読みをひらがなで書きなさい。

241 □**際限**もなく話し続ける（　　）品川女子学院　プール学院

242 □急に**鼻血**を出した（　　）幕張　佐賀大附

243 □**預金**を引き出す（　　）長崎大附　和洋九段女子

244 □あたりが**次第**に暗くなってきた（　　）四天王寺　高田

245 □私の実家は**雑貨**屋です（　　）広島大附東雲　品川女子学院

246 □畑で**小豆**☆をつくる（　　）武蔵工業大付　聖学院

247 □**全**く返事がない（　　）日大第二　香川大附高松

248 □成功は努力いかんに**因**★る（　　）日大豊山　横浜共立学園

249 □**極上**のワインを飲む（　　）茨城　目白学園

250 □**細**やかな心づかい（　　）本郷　岡山大附

251 □ポスターを**印刷**する（　　）日出女子学園　学芸大世田谷

252 □**上手**☆の手から水がもれる（　　）幕張　和洋国府台女子

253 □会の運営を会長に**委**★ねる（　　）明星男子部　本郷

254 □王道を**歩**む（　　）学習院女子中等科　四天王寺

255 □**干潮**と満潮（　　）サレジオ学院　品川女子学院

256 □**居心地**が悪そうな家（　　）本郷　日大第三

257 □無事の知らせに**歓喜**した（　　）成城学園　京華女子

258 □**上**りのエレベーター（　　）瀧野川女子学園　智辯学園

259 □毛糸のセーターを**編**む（　　）清風南海　川村

260 □秘伝を**授**☆ける（　　）洗足学園大附　日向学院

261 □席が**空**く（　　）成蹊　普連土学園

262 □入学式を**挙行**する（　　）京華女子　サレジオ学院

263 □**派手**な服を着て外出する（　　）湘南学園　西大和学園

264 □銀行にお金を**預**ける（　　）香川大附坂出　品川女子学院

265 □**用意**周到な計画（　　）四天王寺羽曳丘　小野学園女子

266 □責任を**逃**☆れる（　　）三輪田学園　大阪女学院

267 □**無言**の電話（　　）光塩女子学院　聖母学院

268 □お茶を**所望**☆する（　　）青山学院　富士見

269 □遊園地で**迷子**になる（　　）成城学園　賢明女子学院

270 □**昨今**の貿易事情（　　）和洋九段女子　三重大附

●入試に出やすい漢字がよくわかる

B 漢字の読み――第10回テスト

出題回数 2回　（10分）　得点 ／30

■次のぼう線部分の漢字の読みをひらがなで書きなさい。

271 □**商**いにせいを出す（　　）宝仙学園 南山女子部

272 □赤石山脈に**源**を発する川（　　）西南女学院 嘉悦女子

273 □**独**りで旅に出る（　　）成城学園 英数学館

274 □決まり**文句**をならべる（　　）安田学園 サレジオ学院

275 □りんごが赤みを**帯**びる（　　）賢明女子学院 幕張

276 □**枚挙**にいとまがない（　　）湘南学園 学習院女子中等科

277 □ふとした**拍子**★（　　）藤村女子 江戸川学園取手

278 □**積**雪量をはかる（　　）成城学園 桜美林

279 □**余暇**★のすごし方（　　）京北 千葉日大第一

280 □気持ちを**推**しはかる（　　）文京女子大 東海大付浦安

281 □客を**歓待**する（　　）嘉悦女子 横浜国大横浜

282 □富士山の**気高**いすがた（　　）暁星 法政大第一

283 □多くの中から**取捨**する（　　）成城学園 東京女子学園

284 □注文を**承**ります（　　）宝仙学園 攻玉社

285 □**小包**で送る（　　）鎌倉学園 宝仙学園

286 □**無愛想**な態度を改める（　　）埼玉大附 四天王寺

287 □**温**かい心のふれあい（　　）香川大附高松 品川女子学院

288 □この作品には**感興**がわかない（　　）幕張 郁文館

289 □心を**和**らげる（　　）成城 東京家政学院

290 □人々の**称賛**をあびる（　　）静岡県西遠女子 宝仙学園

291 □**結束**★してことにあたる（　　）山手学院 品川女子学院

292 □**無気味**な夜の光景（　　）光塩女子学院 森村学園

293 □先生の考えに**共鳴**する（　　）嘉悦女子 金光学園

294 □**安易**な方法を選ぶ（　　）日向学院 宝仙学園

295 □**木目**の美しい板（　　）熊本マリスト ヴィアトール洛星

296 □お守りの**御利益**☆を信じる（　　）関東学院 品川女子学院

297 □その話には**興味**がない（　　）桐光学園 芦屋大附

298 □会社の役員を**辞**する（　　）関西大第一 山脇学園

299 □おもちゃが**欲**しいと泣く子（　　）富士見 日大

300 □親のかたきを**討**つ（　　）玉川学園 東海大付浦安

B 漢字の読み

●入試に出やすい漢字がよくわかる

―第11回テスト

出題回数 2回

（10分）

得点 /30

■次のぼう線部分の漢字の読みをひらがなで書きなさい。

301 □**木もれ日**が地面にとどく（　　）目白学園 青山学院
302 □**教**わったことを復習する（　　）智辯学園 帝塚山
303 □算数の**易**しい問題（　　）十文字 サレジオ学院
304 □式が**厳**☆かにおこなわれる（　　）玉川学園 東海大付浦安
305 □道路の**端**★を歩く（　　）法政大第二 捜真女学校
306 □**同一**の目的をもつ（　　）青山学院 三重大附
307 □会社を**興**☆す（　　）明大中野 明大中野八王子
308 □明治時代の**詩歌**☆を味わう（　　）森村学園 学習院女子中等科
309 □気立ての**優**しい子供（　　）西大和学園 西南女学院
310 □人体におよぼす**作用**（　　）和洋国府台女子 学習院女子中等科
311 □秋の**夜寒**☆（　　）跡見学園 青山学院
312 □**安直**に考えるのはこまる（　　）鎌倉女学院 普連土学園
313 □人の**指図**は受けたくない（　　）大阪女学院 佐野日大
314 □**透明**人間（　　）鷗友学園女子 高田
315 □駅前の**大通**り（　　）明治学院 佐賀大附

316 □**傷口**がふさがる（　　）東京成徳短大付 佼成学園
317 □**丁重**な態度でことわる（　　）富士見 武蔵野女子学院
318 □よい**印象**をあたえる（　　）長崎大附 聖母学院
319 □**甲板**★から波間をながめる（　　）本郷 浅野
320 □**解毒**☆作用のある植物（　　）東海大付浦安 関東学院
321 □すもう部屋の一番**弟子**（　　）穎明館 宝仙学園
322 □欠席者の**有無**をしらべる（　　）暁星 森村学園
323 □十年来の**知己**☆（　　）文京女子大 玉川学園
324 □権力者に**追従**する（　　）東邦大東邦 清風
325 □とうふの原料は**大豆**です（　　）高輪 品川女子学院
326 □血管が**収縮**する（　　）高知大附 聖母学院
327 □財産を**分割**する（　　）成城 静岡県西遠女子
328 □**罪**のない人を殺す（　　）佼成学園 広島城北
329 □**出納**☆★帳をつける（　　）江戸川女子 玉川学園
330 □人生の**節目**（　　）跡見学園 品川女子学院

B

●入試に出やすい漢字がよくわかる

漢字の読み——第12回テスト

出題回数　2回

（10分）

得点　/30

■次のぼう線部分の漢字の読みをひらがなで書きなさい。

331 □制服を注文する（　　）京華女子　松蔭

332 □二度と同じ過ちをくり返さない（　　）学習院女子中等科　聖徳学園

333 □事態への対処のしかた（　　）東京家政大附女子　香川大附高松

334 □ものごとの筋道を通す（　　）成城学園　幕張

335 □横暴なふるまい（　　）和洋九段女子　南山女子部

336 □優れたオ能の持ち主（　　）玉川学園　高輪

337 □適切な処置をとる（　　）四天王寺羽曳丘　東京成徳短大付

338 □二つの役職を兼任する（　　）山手学院　小野学園女子

339 □ほおに笑みをうかべる（　　）本郷　東洋英和女学院

340 □無難な考え方（　　）日大第二　青山学院

341 □正しい姿勢をとる（　　）京華　佐野日大

342 □一点差で競り勝つ（　　）横浜共立学園　愛知淑徳

343 □軽く会釈をかわす（　　）聖徳学園　学習院女子中等科

344 □天然の素材をいかす（　　）国士舘　法政大第二

345 □人気のない夜道☆（　　）江戸川女子　白百合学園

346 □合点がいかない（　　）清風　ヴィアトール洛星

347 □議長を務める（　　）成城　西南女学院

348 □よく肥えた土地（　　）宝仙学園　嘉悦女子

349 □くわしい世界地図（　　）佐賀大附　鎌倉女学院

350 □空模様がおかしい（　　）高輪　日大

351 □前走を上回る記録を出した（　　）青山学院　穎明館

352 □勢いにのって勝つ（　　）和洋国府台女子　清心

353 □不思議の国のアリス☆（　　）トキワ松学園　東京家政大附女子

354 □治水工事をおこなう（　　）佼成学園女子　帝塚山

355 □美しい反物（　　）東京女子学院　青山学院

356 □公の集まり（　　）青山学院　東洋英和女学院

357 □悪いことのおこる兆候（　　）成城学園　同志社香里

358 □あれこれ画策する☆（　　）富士見　サレジオ学院

359 □母のこごとには閉口した（　　）芝浦工業大　白百合学園

360 □初日の出を拝む（　　）静岡県西遠女子　京華

B 漢字の読み ――第13回テスト

●入試に出やすい漢字がよくわかる●

出題回数 2回　（10分）　得点　／30

■次のぼう線部分の漢字の読みをひらがなで書きなさい。

361 □自分の才能に**絶望**する（　　）高輪 四天王寺
362 □物品の**貯蔵**（　　）鎌倉学園 松蔭
363 □**三世代**が同居する家（　　）聖母学院 宝仙学園
364 □☆**軽**やかな気分で外出する（　　）東京女子学園 青山学院
365 □木に竹を☆**接**ぐ（　　）東海大付浦安 愛知淑徳
366 □人口が**増**える（　　）茨城 智辯学園
367 □**穀物**を輸入する（　　）品川女子学院 清風南海
368 □実力を**試**す（　　）瀧野川女子学園 山手学院
369 □**厳密**な調査をする（　　）京華女子 桜美林
370 □道路で遊ぶのは**危**ない（　　）昭和女子大昭和 洗足学園大附
371 □**蚕**がまゆをつくる（　　）幕張 国士舘
372 □☆**養生**につとめて長生きする（　　）攻玉社 普連土学園
373 □忘れ物を**届**ける（　　）戸板 小野学園女子
374 □大地震《じしん》の**前兆**（　　）目白学園 鎌倉学園
375 □外国との**交易**（　　）広島大附 幕張

376 □★**架空**の人物（　　）早実 高輪
377 □生きた**心地**がしない（　　）佼成学園 東京女子学院
378 □**策略**をめぐらす（　　）富士見 国士舘
379 □うわのそらで☆**生返事**をする（　　）普連土学園 滋賀大附
380 □シカが**樹皮**をかじる（　　）富士見 武庫川
381 □安い下宿を**探**す（　　）関西大第一 洗足学園大附
382 □国が**栄**える（　　）高知 奈良学園
383 □よい**習慣**を身につける（　　）広島大附東雲 香川大附坂出
384 □全国に広く**分布**するチョウ（　　）成城学園 清心
385 □**体裁**ばかりを気にする（　　）森村学園 奈良学園
386 □**常夏**のハワイ（　　）東海大付浦安 愛知淑徳
387 □礼を**欠**いた態度（　　）郁文館 京都教育大附京都
388 □一月**二十日**（　　）賢明女子学院 品川女子学院
389 □たえられないほどの**苦痛**（　　）東洋英和女学院 法政大第一
390 □わたる**世間**に鬼《おに》はない（　　）ヴィアトール洛星 東京成徳短大付

B 漢字の読み——第14回テスト

●入試に出やすい漢字がよくわかる

出題回数2回〜1回

（10分）

得点　／30

■次のぼう線部分の漢字の読みをひらがなで書きなさい。

391 □**準備**が**調**う（　　）品川女子学院 安田学園

392 □手をついて**謝**る（　　）学習院女子中等科 千葉日大第一

393 □日本の**穀倉**地帯（　　）目白学園 幕張

394 □子供のときの**懐**かしい写真 ★（　　）捜真女学校 市川

395 □お**粗末**な対応（　　）佐野日大 捜真女学校

396 □**先方**の主張も聞いてみる（　　）筑波大附駒場 東洋英和女学院

397 □契約《けいやく》書に**署名**する（　　）富士見

398 □**五月雨**に木々がぬれる ★（　　）森村学園

399 □めきめき**頭角**を現してきた（　　）西南女学院

400 □日本の四季の美しさを**礼賛**する ☆（　　）城西大城西

401 □**均衡**を保つ ★（　　）横浜共立学園

402 □歯の**治療**に通う ★（　　）東京立正

403 □健康に**留意**する（　　）成城

404 □**典型**的な例をあげる（　　）広島大附

405 □**久遠**の光を放つ ☆（　　）攻玉社

406 □**流線**型の電車（　　）桜美林

407 □仕事の**手際**が悪い（　　）文京女子大

408 □**言語道断**なふるまい（　　）久留米大附設

409 □飛行機が**緩**やかに下降する ★（　　）白百合学園

410 □海外の友人からの**便**り（　　）京華女子

411 □事の**軽重**をわきまえない発言（　　）学芸大世田谷

412 □**臨機応変**に考えるべきだ（　　）成城学園

413 □希望していた職に**就**く（　　）佼成学園女子

414 □**許容**できる誤差（　　）富士見

415 □**旅客**船に乗る（　　）宝仙学園

416 □**精**も**根**もつきはてた（　　）同志社香里

417 □**軽率**な行動をつつしむ（　　）宝仙学園

418 □人に道を**譲**る ★（　　）三輪田学園

419 □栄養のあるものを**摂取**する ★（　　）高輪

420 □真理を**究**める（　　）奈良学園

B 漢字の読み——第15回テスト

●入試に出やすい漢字がよくわかる

出題回数 1回

（10分）

得点　／30

■次のぼう線部分の漢字の読みをひらがなで書きなさい。

421 □祖父の**遺言**☆（　　　）サレジオ学院

422 □**口実**をもうけて欠席する（　　　）十文字

423 □夕焼けが空を**紅**☆にそめた（　　　）学習院女子中等科

424 □**吹雪**がやんで月が出た（　　　）高輪

425 □子供と**戯**★れる（　　　）目白学園

426 □**群青**☆★色の海が広がっている（　　　）城西大城西

427 □経費の一部を**負担**する（　　　）成城

428 □あの人の明るさは**天性**のものだ（　　　）法政大第二

429 □**今昔**★物語集（　　　）東京女子学院

430 □**無礼**な態度（　　　）文教大付

431 □**魂**★をこめた作品（　　　）英数学館

432 □**厳冬**期のエベレストにいどむ（　　　）芝

433 □**米穀**店をいとなむ（　　　）高知学芸

434 □大雨で**堤防**がくずれた（　　　）東邦大東邦

435 □**句読点**をつける（　　　）佐賀大附

436 □給食の**献立**★表（　　　）城西大城西

437 □友だちの**行方**がわからない（　　　）目白学園

438 □**黙**★るばかりで何の返答もない（　　　）東京家政学院

439 □**現役**で大学に合格した（　　　）横浜英和女学院

440 □それは非常に**厄介**★な問題だ（　　　）高輪

441 □温泉の**湯治**☆客（　　　）成城

442 □**気骨**☆が折れる（　　　）暁星

443 □髪を**結**う（　　　）学習院女子中等科

444 □地下鉄を乗り**継**★ぐ（　　　）三輪田学園

445 □羽毛が**生**えかわる（　　　）文教大付

446 □私は**筆不精**です（　　　）瀧野川女子学園

447 □川が**蛇行**★して流れる（　　　）英数学館

448 □**人情**に厚い人（　　　）松蔭

449 □道を**尋**★ねる（　　　）高輪

450 □**夏至**の日は昼がもっとも長い（　　　）玉川学園

B

●入試に出やすい漢字がよくわかる

漢字の読み——第16回テスト

出題回数 1回

（10分）

得点 ／30

■次のぼう線部分の漢字の読みをひらがなで書きなさい。

451 □そばに薬味をそえる（　　）早実
452 □老若男女を問わない（　　）瀧野川女子学園
453 □希望者を募★る（　　）攻玉社
454 □古い書類を廃棄★する（　　）世田谷学園
455 □望郷の思いにとらわれる（　　）南山男子部
456 □巧みな手さばき（　　）東京家政学院
457 □滑らかな口調で話す（　　）明星男子部
458 □優雅に舞《ま》う（　　）江戸川学園取手
459 □初志を貫く（　　）関東学院
460 □生意気ざかり（　　）品川女子学院
461 □せんたく物を干す（　　）岡山大附
462 □素朴★な味の料理（　　）法政大第二
463 □青天白日の身となる（　　）聖徳学園
464 □地面に伏★せる（　　）早実
465 □眺望★がひらける（　　）市川

466 □春の山は雪崩★がおきやすい（　　）東京女子学院
467 □彼女は気性がはげしい（　　）宝仙学園
468 □一念発起☆して勉強にはげむ（　　）幕張
469 □先人の教えを大切に守る（　　）大妻
470 □川の水が濁★る（　　）英数学館
471 □現代は飽食★の時代といわれる（　　）高輪
472 □絶滅★寸前の野生動物（　　）四天王寺羽曳丘
473 □為替★で送金する（　　）サレジオ学院
474 □おたがいに本音で話そう（　　）明星男子部
475 □地道な努力を重ねる（　　）実践女子学園
476 □目標を高く掲★げる（　　）東京家政学院
477 □浴衣☆を着て祭りに行く（　　）国学院久我山
478 □竹馬☆の友（　　）青山学院
479 □色鮮★やかなバラの花（　　）捜真女学校
480 □戦後の経済復興（　　）穎明館

B 漢字の読み

●入試に出やすい漢字がよくわかる

第17回テスト

出題回数　1回

（10分）

得点　／30

■次のぼう線部分の漢字の読みをひらがなで書きなさい。

481 □☆**血眼**になってさがす（　　）横浜共立学園
482 □★舞台《ぶたい》の**幕間**に食事をとる（　　）成城学園
483 □はげしい**舌戦**をくり広げる（　　）玉川学園
484 □★うかつな発言を**後悔**する（　　）武蔵野女子学院
485 □子供の**面倒**をみる（　　）三輪田学園
486 □**素足**で歩く（　　）四天王寺羽曳丘
487 □**得体**の知れない男（　　）岡山大附
488 □米に砂が**混**じる（　　）広島城北
489 □★計画を**遂行**する（　　）横浜共立学園
490 □★注意を**怠**る（　　）明星男子部
491 □口を**真一文字**に結ぶ（　　）普連土学園
492 □**素敵**なお母さん（　　）法政大第一
493 □☆目に**角**を立てる（　　）鳴門教育大附
494 □外国人にも**門戸**を開く（　　）日出女子学園
495 □★**掃除**をさぼってはいけない（　　）東京家政学院
496 □選挙に**担**ぎ出される（　　）横浜共立学園
497 □**財布**を落としてしまった（　　）学習院女子中等科
498 □家のすぐ前に**銭湯**がある（　　）南山女子部
499 □はるか**彼方**をのぞむ（　　）明治学院
500 □★身を**滅**ぼす（　　）高知
501 □★手紙に写真を**添**えて送る（　　）佐野日大
502 □想像に**難**くない（　　）白百合学園
503 □事件の**発端**（　　）晃華学園
504 □相手の態度を**是認**する（　　）横浜国大横浜
505 □環境に**順応**する（　　）茨城
506 □★夏草が**繁茂**する野原（　　）森村学園
507 □天草《あまくさ》四郎の**勇姿**（　　）芝
508 □食事代を**折半**する（　　）成城学園
509 □☆野球の守備の**要**となる選手（　　）横浜共立学園
510 □☆**非業**の死をとげる（　　）聖徳学園

B 漢字の読み——第18回テスト

●入試に出やすい漢字がよくわかる

出題回数　1回

（10分）

得点　／30

■次のぼう線部分の漢字の読みをひらがなで書きなさい。

511 □**見栄**っぱりな男（　　）早実
512 □テレビで**宣伝**する（　　）明大中野八王子
513 □森林の**伐採**★（　　）関東学院
514 □芝居で**老**け役を演じる（　　）玉川学園
515 □夕日に**映**える山々（　　）青山学院
516 □**船便**で荷物がとどく（　　）幕張
517 □**最寄**りの駅まで歩く（　　）日大第二
518 □手におえない**代物**（　　）立教女学院
519 □不正を**暴露**★する（　　）暁星
520 □**名誉**★をきずつける（　　）目黒星美学園
521 □戦争の**犠牲**★になった人々（　　）鷗友学園女子
522 □お寺の**精進**☆料理（　　）文教大付
523 □お**彼岸**☆におはぎを食べる（　　）国学院久我山
524 □有名な作家の文体を**模倣**★する（　　）国府台女子学院
525 □こん虫には**一対**の触角《しょっかく》がある（　　）芦屋大附

526 □父はとても**厳**しい人だ（　　）日向学院
527 □**氷雨**☆の降る寒い夜（　　）攻玉社
528 □少年時代にチェスに**凝**★った（　　）京北
529 □**密**★かにしのび寄る（　　）佐野日大
530 □人の**恨**★みを買う（　　）三輪田学園
531 □**素性**☆の正しい人（　　）暁星
532 □社会の**風潮**を反映する（　　）鎌倉学園
533 □戸外の**夜気**にあたる（　　）東洋英和女学院
534 □過去の思い出に**浸**★る（　　）英数学館
535 □**技**の向上をはかる（　　）捜真女学校
536 □**珍重**される食べ物（　　）学芸大世田谷
537 □**象形**文字（　　）成城学園
538 □**流人**☆として島で十年間を送る（　　）城西川越
539 □**荘重**★な感じのする音楽（　　）久留米大附設
540 □ごはんを**蒸**らす（　　）宝仙学園

B 漢字の読み ― 第19回テスト

●入試に出やすい漢字がよくわかる

出題回数 1回

（10分）

得点 /30

■次のぼう線部分の漢字の読みをひらがなで書きなさい。

541 □メンバーから**除外**される（　　）山手学院
542 □**自**ら手本を示す（　　）玉川学園
543 □平安時代の**遺跡**（　　）三輪田学園
544 □校旗が**翻**★る（　　）横浜共立学園
545 □**失策**に目をつぶる（　　）芝
546 □責任は**双方**★にある（　　）大阪女学院
547 □論理が**空**まわりする（　　）普連土学園
548 □相手に**因縁**★☆をつける（　　）高輪
549 □**矛盾**★だらけの話で信用できない（　　）城西大城西
550 □**衝撃**★的なニュース（　　）山脇学園
551 □**筆舌**につくしがたい苦労（　　）学習院女子中等科
552 □**神業**のような手品（　　）目白学園
553 □まじめがかれの**身上**だ（　　）横浜共立学園
554 □遠くから**悲鳴**が聞こえた（　　）安田学園
555 □前途に**光明**☆をみいだす（　　）千葉日大第一

556 □**無遠慮**な態度で接する（　　）四天王寺羽曳丘
557 □目に**生気**がない（　　）十文字
558 □ジレンマに**陥**★る（　　）関東学院
559 □生活**必需品**（　　）鎌倉学園
560 □人民を**統治**する（　　）普連土学園
561 □**交替**★要員（　　）千葉日大第一
562 □車が**数珠**★つなぎになる（　　）東京女子学院
563 □雪はすっかり消え**失**せた（　　）関東学院
564 □頭を**研**ぎすませる（　　）早実
565 □**穏便**にことをおさめる（　　）明治学院
566 □**自業自得**だからやむを得ない（　　）芝
567 □遠足の**引率**（　　）日出女子学園
568 □祖父から**小遣**いをもらった（　　）三輪田学園
569 □**若年**で社長となる（　　）江戸川女子
570 □費用の**内訳**を説明する（　　）玉川学園

B 漢字の読み——第20回テスト

●入試に出やすい漢字がよくわかる●

出題回数　1回

（10分）

得点　　／30

■次のぼう線部の漢字の読みをひらがなで書きなさい。

571 □街角の**雑踏**（　　）明治学院
572 □運転を**自重**☆する（　　）南山女子部
573 □台風で大きな被害を**被**★る（　　）横浜共立学園
574 □**色彩**★のあざやかな和服（　　）暁星
575 □過去への**郷愁**★（　　）本郷
576 □難問に**挑**む（　　）三輪田学園
577 □**毒気**にあてられる（　　）サレジオ学院
578 □**釈然**★としない説明（　　）文教大付
579 □待ち**焦**★がれた夏休み（　　）関東学院
580 □庭の**木立**がよくしげっている（　　）徳島文理
581 □**蒸留水**をつくる実験（　　）清心
582 □先祖と**子孫**（　　）開成
583 □前後から**呼応**してせめる（　　）大阪信愛女学院
584 □怒《いか》りを**抑**★える（　　）国学院久我山
585 □相手に**一矢**☆をむくいる（　　）富士見

586 □**荒廃**★した城あと（　　）本郷
587 □北ヨーロッパの**湖沼**★地帯（　　）明星男子部
588 □**家路**をたどる（　　）法政大第二
589 □目測を**誤**る（　　）山手学院
590 □**異口同音**に答える（　　）久留米大附設
591 □**冬至**の日は夜がもっとも長い（　　）明大中野八王子
592 □**硫黄**★のにおいのする温泉（　　）目白学園
593 □**口頭**で答える（　　）英数学館
594 □となりの**芝生**は青く見える（　　）大阪女学院
595 □車の通行を**妨**★げる（　　）本郷
596 □国の安全が**脅**★かされる（　　）関東学院
597 □こんこんと子供を**諭**★す（　　）横浜共立学園
598 □気に**障**ることを言う（　　）明大中野八王子
599 □明日お宅へ**伺**★うつもりです（　　）大阪女学院
600 □**当惑**★の表情（　　）本郷

C ことわざ・慣用句――第1回テスト

●入試に出やすい問題がよくわかる●

出題回数14回〜4回

（10分）

得点　　30

■次の（　）内に漢字一字を入れてことわざ・慣用句を完成しなさい。

1 □（　）を長くして待つ　明治学院・栄光学園・目白学園　ほか11校

2 □学歴を（　）にかける　千葉日大第一・京華女子　ほか10校

3 □冷たく（　）であしらわれた　麻布・芝浦工業大・城西川越　ほか8校

4 □（　）を割って話し合おう　栄光学園・高知・金蘭千里　ほか7校

5 □ライバルの（　）をあかす　灘・東京成徳短大付　ほか8校

6 □子供の頭の回転の早さに（　）をまいた　灘・明治学院・城西川越　ほか6校

7 □（　）の耳に念仏　灘・東京立正・京北　ほか6校

8 □彼《かれ》の強さには（　）が立たない　千葉日大第一・芝浦工業大　ほか6校

9 □（　）にあまるわがままな態度　慶応湘南藤沢・芝浦工業大　ほか6校

10 □いとこの就職のために（　）を折る　東京成徳短大付・芝浦工業大　ほか3校

11 □彼の努力には（　）が下がる　栄光学園・国学院久我山　ほか4校

12 □あの人は仲間の（　）を引っぱるばかりだ　京華女子・東京成徳短大付　ほか4校

13 □（　）によりをかけた料理　明治学院・千葉日大第一　ほか4校

14 □親の（　）に泥《どろ》をぬる　江戸川学園取手・東京立正　ほか4校

15 □（　）に衣《きぬ》（を）着せぬ発言　東京立正・江戸川学園取手　ほか4校

16 □先生の批《ひ》評《ひょう》は（　）が痛かった　芝浦工業大・奈良女子大附　ほか4校

17 □父はお酒に（　）がない　京華・東京成徳短大付　ほか3校

18 □雀《すずめ》の（　）ほどのお礼　慶応湘南藤沢・愛知淑徳　ほか3校

19 □母は弟のいたずらに（　）を焼いている　高知・京華女子・洛南高附　ほか2校

20 □金を使い過ぎて（　）が出てしまった　瀧野川女子学園・千葉日大第一　ほか3校

21 □彼とはどこか（　）が合う　世田谷学園・灘・愛知淑徳　ほか2校

22 □目から（　）へぬけるやり手の社長　埼玉大附・玉川学園　ほか3校

23 □母は妹の（　）ばかりもつ　四天王寺羽曳丘・日大第一　ほか3校

24 □歩き過ぎて（　）が棒になる　土佐女子・佐野日大・東京立正　ほか2校

25 □先生が（　）をかけている弟子　慶応湘南藤沢・奈良女子大附　ほか3校

26 □（　）にたこができるほど聞かされた　佐野日大・福岡教育大附福岡　ほか3校

27 □彼は（　）が重いので会話がはずまない　目白学園・東京成徳短大付　ほか2校

28 □他人の尻（　）に乗る　普連土学園・慶応湘南藤沢　ほか2校

29 □あの二人は（　）猿の仲だ　灘・愛知淑徳・慶応湘南藤沢　ほか1校

30 □この問題の解決は私の（　）にある　ノートルダム清心・栄光学園　ほか2校

C　ことわざ・慣用句――第2回テスト

●入試に出やすい問題がよくわかる

出題回数4回～3回　(10分)

得点　／30

■次の（　）内に漢字一字を入れてことわざ・慣用句を完成しなさい。

31 □先生は、さすが古美術に（　）が高い　明治学院・奈良女子大附　ほか2校

32 □（　）もあてられないほどひどい事故現場　山脇学園・普連土学園　ほか2校

33 □祖父はかわいい孫を見て（　）を細めた　白百合学園・洛南高附　ほか2校

34 □和服の着こなしが（　）についてきた　鳴門教育大附・日向学院　ほか2校

35 □頭のよいむすこをもち、親として（　）が高い　西南女学院・洗足学園大附　ほか2校

36 □人前で（　）恥《はじ》をかく　灘・帝塚山学院泉ケ丘・愛知淑徳

37 □生き（　）の目を抜《ぬ》く　東京立正・獨協・暁星国際

38 □あの人は業界に（　）が広い　慶応中等部・西南女学院　ほか1校

39 □話は父の方から先に（　）を切った　慶応湘南藤沢・佐野日大　ほか1校

40 □悪いうわさを（　）にした　立命館・東山　ほか1校

41 □（　）塩にかけて育てる　江戸川学園取手・安田女子・高知

42 □立つ（　）あとをにごさず　世田谷学園・国士館　ほか1校

43 □（　）い目で見られる　帝塚山学院泉ケ丘・関西学院　ほか1校

44 □話の（　）を折る　プール学院・明治学院・日大

45 □（　）を震《ふる》わせて泣く少女　調布・海城・洛南高附

46 □業界に（　）が売れている人物　四天王寺羽曳丘　ほか2校

47 □（　）に腹はかえられない　大阪女学院・甲南女子・洗足学園大附

48 □（　）がうくようなお世《せ》辞《じ》　灘・慶応中等部・四天王寺羽曳丘

49 □（　）にすえかねるふるまい　京北・東京成徳短大付・洛南高附

50 □（　）をこまねいてばかりで何もしない　山脇学園・プール学院・西南女学院

51 □つい（　）をすべらせて言ってしまった　京華女子・佐野日大・山脇学園

52 □京都に来たついでに奈良まで（　）をのばす　玉川学園・四天王寺羽曳丘・普連土学園

53 □（　）を殺してようすをうかがう　桐光学園・東海・明星

54 □悪事から（　）を引く　山脇学園・京華・洛南高附

55 □（　）から火が出るようなはずかしさ　慶応中等部・淑徳・桐光学園

56 □彼の言動には（　）が立って仕方がない　奈良女子大附・獨協・桐光学園

57 □（　）（　）は一見にしかず　横浜英和女学院・鎌倉学園　ほか1校

58 □（　）がつまるような重苦しいふんいき　甲陽学院・桐光学園・洛南高附

59 □（　）に小判　武蔵工業大付・江戸川学園取手　ほか1校

60 □（　）を皿にしてさがす　南山女子部・帝塚山学院　ほか1校

C ことわざ・慣用句――第3回テスト

●入試に出やすい問題がよくわかる●

出題回数3回〜2回

（10分）

得点　／30

■次の（　）内に漢字一字を入れてことわざ・慣用句を完成しなさい。

61□妹は芸能界のことには（　）が早い　東山・佐野日大・小野学園女子
62□無事の知らせに（　）をなでおろす　栄光学園・土佐女子・帝塚山学院泉ケ丘
63□（　）の中に入れても痛くないほどかわいい　お茶の水女子大附・普連土学園ほか1校
64□（　）をそろえて借金を返す　灘・東山・奈良女子大附
65□（　）の上にも三年　横浜英和女学院・鎌倉学園　ほか1校
66□うわさを小（　）にはさむ　帝塚山学院泉ケ丘　ほか2校
67□話に（　）をさす　白陵・日向学院・鳴門教育大附
68□堂々と（　）を張って答える　昭和学院秀英高付・東海　ほか1校
69□そんなことは（　）にすべきではない　東山・立命館・慶応湘南藤沢
70□話に（　）をかたむける　比治山女子・山脇学園・高知
71□（　）を見張る活躍《かつやく》ぶり　麻布・甲陽学院・聖母女学院
72□しばらく見ないうちに（　）を上げたね　洗足学園大附・京北　ほか1校
73□世の中には（　）の黒い人が大勢いる　芝浦工業大・関西学院　ほか1校
74□仕事の（　）をぬく　慶応普通部・佼成学園女子
75□いくら似ていてもあの人とは（　）の他人だ　東邦大東邦・関西学院

76□このあたりでは（　）がきく人物だ　西南女学院・日大
77□（　）は災いのもと　世田谷学園・東京立正
78□難題に（　）をひねった　熊本マリスト・西南女学院
79□（　）馬の友　灘・淳心学院
80□お（　）を濁《にご》す　慶応湘南藤沢・普連土学園
81□ついに容疑者が（　）を割った　東山・西南女学院
82□子育ては（　）がかかる　高知・明星男子部
83□尻に（　）がつく　帝塚山学院泉ケ丘・東山
84□この仕事から（　）を洗うつもりだ　高槻・東山
85□どこの（　）の骨かわからない　慶応湘南藤沢・佐野日大
86□（　）をつぐんだままだまっていた　麻布・国学院久我山
87□（　）にせまった名演技　芝浦工業大・安田女子
88□（　）ある鷹《たか》は爪《つめ》をかくす　東京立正・洗足学園大附
89□木で（　）をくくったようなあいさつ　プール学院・洗足学園大附
90□彼女は大勢の中の（　）一点だった　灘・帝塚山学院泉ケ丘

C ことわざ・慣用句――第4回テスト

●入試に出やすい問題がよくわかる●

出題回数 2回

（10分）

得点 /30

■次の（　）内に漢字一字を入れてことわざ・慣用句を完成しなさい。

91 □（　）さ（　）さも彼岸《ひがん》まで　甲南女子　高知学芸

92 □名人に（　）を並べるほどの実力　高知　玉川学園

93 □あの人は万事に（　）を回しすぎる　慶応普通部　佼成学園女子

94 □大金を（　）にする　慶応湘南藤沢　東山

95 □立て（　）に水の話しぶり　日大第二　穎明館

96 □（　）におえないいたずらっ子　白百合学園　奈良女子大附

97 □（　）をすえて仕事に取り組む　明治学院　国学院久我山

98 □（　）二才のくせにえらそうなことを言うな　愛知淑徳　帝塚山学院泉ヶ丘

99 □原稿《げんこう》に（　）を入れて読みやすくする　麻布　普連土学園

100 □（　）の足をふむ　鎌倉学園　穎明館

101 □スター気どりが（　）につく　玉川学園　小野学園女子

102 □（　）をそばだてて聞く　甲陽学院　洛南高附

103 □（　）を疑うような町の変わりぶり　六甲　普連土学園

104 □後ろ（　）をさされる　玉川学園　暁星国際

105 □人の（　）もとを見る　玉川学園　帝塚山学院泉ヶ丘

106 □（　）目置く存在　目黒星美学園 ほか1校

107 □この結果は（　）から出たさびだ　慶応中等部　日大第二

108 □名画をたくさん見て（　）が肥《こ》える　暁星　慶応湘南藤沢

109 □寒さが（　）にしみる　東邦大東邦　西南女学院

110 □（　）のついたように泣きさけぶ子　愛知淑徳　比治山女子

111 □これは（　）よりな話だよ　世田谷学園　明治学院

112 □希望に（　）をふくらませる　灘　玉川学園

113 □（　）が回るようないそがしさ　熊本マリスト　京北

114 □悪事に（　）をそめる　京華　日大

115 □わが家の庭は（　）の額《ひたい》くらいの広さだ　潤徳女子　国士舘

116 □彼は、すぐ人のあげ（　）をとる　白陵　福岡教育大附福岡

117 □鬼の（　）にも涙　玉川学園　洗足学園大附

118 □かい犬に（　）をかまれる　東京立正　暁星国際

119 □（　）をそろえて反対する　聖母学院　智辯学園

120 □どこに出ても（　）の低い人だ　プール学院　明星男子部

C　ことわざ・慣用句——第5回テスト

●入試に出やすい問題がよくわかる

出題回数　2回

（10分）

得点　30

■次の（　）内に漢字一字を入れてことわざ・慣用句を完成しなさい。

121□このへんで（　　）をうとう　普連土学園 ほか1校

122□爪《つめ》に（　　）をともすような暮らし　南山女子部 明星男子部

123□試合に勝ち、自信満々の彼の（　　）を折った　智辯学園 日大第一

124□友人の忠告にも（　　）を貸さない　金城学院 西南女学院

125□（　　）人寄れば文殊《もんじゅ》の知恵《ちえ》　横浜英和女学院 京北

126□大変に（　　）のこんだ細工　聖母女学院 灘

127□母は（　　）を三角にして怒《おこ》った　江戸川学園取手 小野学園女子

128□よいマナーを（　　）につける　甲陽学院 東邦大東邦

129□大雪で通勤の（　　）がうばわれた　愛知教育大附名古屋 京北

130□壁《かべ》に（　　）あり障子《しょうじ》に（　　）あり　四天王寺羽曳丘 洗足学園大附

131□第三者はよけいな（　　）を出すな　西南女学院 立正

132□二枚（　　）を使う政治家が多い　玉川学園 帝塚山学院泉ケ丘

133□悪い友人とは早く（　　）を切るべきだ　洛南高附 慶応湘南藤沢

134□（　　）を丸くしておどろく　佐野日大 洛南高附

135□良薬は（　　）に苦し　洗足学園大附 玉川学園

136□鯖《さば》などの魚は（　　）が早い（傷みやすい）　東山 日大

137□落度のないようまわりに（　　）を配る　慶応普通部 佼成学園女子

138□（　　）をぬぐって知らん顔をする　普連土学園 山脇学園

139□昨夜の雪で外は一面の（　　）世界だ　灘 帝塚山学院泉ケ丘

140□（　　）の根がかわかぬうちに約束《やくそく》をやぶる　城西川越 東京立正

141□商売の（　　）を広げる　山脇学園 普連土学園

142□（　　）が知らせた祖父の死　桐蔭学園 日向学院

143□親の（　　）をぬすんでつまみぐいする　城西川越 暁星

144□目的地は目と（　　）の先だ　愛光 慶応中等部

145□（　　）の歩みのようにおそい研究　慶応湘南藤沢 潤徳女子

146□猫《ねこ》の（　　）もかりたいほどいそがしい　帝京大 富士見

147□虫の音に（　　）をすます　東海 小野学園女子

148□二度とその（　　）はくわないぞ　玉川学園 昭和学院秀英高附

149□逃げ出さないよう（　　）を光らせる　四天王寺羽曳丘 明星男子部

150□えらい人に就職の（　　）を利《き》いてもらう　高知 京都教育大附京都

D

●入試に出やすい漢字がよくわかる

漢字の部首名——第1回テスト

出題回数6回〜1回

（10分）

得点　／30

■次の漢字の部首を〔　〕に、部首名を（　）に、下の例にならって書きなさい。〔舟〕（ふねへん）

1 □建〔　〕（　）　香川大附坂出・東京立正　ほか4校
2 □歌〔　〕（　）　国士舘・佐賀大附・東京立正　ほか1校
3 □空〔　〕（　）　日大・広島大附東雲　ほか2校
4 □列〔　〕（　）　鎌倉学園・プール学院　ほか2校
5 □腹〔　〕（　）　高輪・同志社・明星男子部
6 □形〔　〕（　）　晃華学園・高輪・山脇学園
7 □複〔　〕（　）　東京女子学院・同志社　ほか1校
8 □熱〔　〕（　）　鎌倉学園・高輪・国士舘
9 □快〔　〕（　）　日大第二・山脇学園・鎌倉学園
10 □防（左がわ）〔　〕（　）　香川大附坂出・東京女子学院
11 □特〔　〕（　）　金光学園・愛国
12 □開〔　〕（　）　東京女子学院・清風
13 □病〔　〕（　）　日大豊山・高知
14 □原〔　〕（　）　和洋九段女子　ほか1校
15 □頭〔　〕（　）　広島大附東雲・洛南高附

16 □度〔　〕（　）　立命館・履正社学園豊中
17 □神〔　〕（　）　プール学院・国士舘
18 □断〔　〕（　）　富士見丘(東)・洛南高附
19 □登〔　〕（　）　プール学院・広島大附東雲
20 □集〔　〕（　）　洛南高附・山脇学園
21 □検〔　〕（　）　同志社・富士見丘(横)
22 □考〔　〕（　）　洛南高附・晃華学園
23 □径〔　〕（　）　同志社　ほか1校
24 □次〔　〕（　）　香川県大手前高松・晃華学園
25 □術〔　〕（　）　城西大城西・聖園女学院
26 □経〔　〕（　）　同志社　ほか1校
27 □起〔　〕（　）　金光学園
28 □芽〔　〕（　）　昭和女子大昭和
29 □敗〔　〕（　）　城西大城西
30 □理〔　〕（　）　高輪

D

●入試に出やすい漢字がよくわかる

漢字の部首名——第2回テスト

出題回数 1回

（10分）

得点 /30

■次の漢字の部首を〔 〕に、部首名を（ ）に、下の例にならって書きなさい。〔舟〕（ふねへん）

31 □美 〔 〕（ ） 高輪
32 □筆 〔 〕（ ） 城西大城西
33 □罪 〔 〕（ ） 東京女子学院
34 □匠 〔 〕（ ） 東京立正
35 □国 〔 〕（ ） 日大豊山
36 □地 〔 〕（ ） 和洋九段女子
37 □遠 〔 〕（ ） 武蔵工業大付
38 □鏡 〔 〕（ ） 鎌倉学園
39 □財 〔 〕（ ） 日大第二
40 □好 〔 〕（ ） 東京立正
41 □酸 〔 〕（ ） 洛南高附
42 □軽 〔 〕（ ） 同志社
43 □急 〔 〕（ ） 履正社学園豊中
44 □部 〔 〕（ ） 東山
45 □移 〔 〕（ ） 高知

46 □朗 〔 〕（ ） 高槻
47 □届 〔 〕（ ） 東京立正
48 □動 〔 〕（ ） 和洋九段女子
49 □独 〔 〕（ ） 国士舘
50 □包 〔 〕（ ） 洛南高附
51 □験 〔 〕（ ） 同志社
52 □拾 〔 〕（ ） 鎌倉学園
53 □雪 〔 〕（ ） 国士舘
54 □派 〔 〕（ ） 日大第二
55 □側 〔 〕（ ） 高輪
56 □字 〔 〕（ ） 和洋九段女子
57 □証 〔 〕（ ） 鎌倉学園
58 □晩 〔 〕（ ） 高槻
59 □飯 〔 〕（ ） 同志社
60 □堅 〔 〕（ ） 高槻

E 否定語のつく熟語——第1回テスト

●入試に出やすい漢字がよくわかる

出題回数14回〜2回

（10分）

得点　／30

■（　）の中に「非・不・未・無」などの、ことばを打ち消す漢字を入れて、下の語を打ち消しなさい。

1 □ （　）常識　普連土学園・淑徳・森村学園　ほか11校
2 □ （　）公式　鷗友学園女子・普連土学園　ほか6校
3 □ （　）開発　宮崎大附・普連土学園　ほか5校
4 □ （　）完成　淑徳・宮崎大附・鎌倉学園　ほか2校
5 □ （　）意識　奈良女子大附・三重大附　ほか2校
6 □ （　）責任　愛知教育大附名古屋・鈴鹿　ほか2校
7 □ （　）解決　東京立正・淑徳・森村学園　ほか1校
8 □ （　）愛想　東海大付浦安・桜美林・調布・森村学園
9 □ （　）理解　日出女子学園・淑徳　ほか1校
10 □ （　）可能　東京立正・淑徳　ほか1校
11 □ （　）平等　城西川越・奈良女子大附　ほか1校
12 □ （　）必要　比治山女子・東京文化　ほか1校
13 □ （　）感動　同志社香里・淑徳
14 □ （　）誠実　淑徳・鷗友学園女子
15 □ （　）合法　鷗友学園女子・東海大付浦安

16 □ （　）完全　日出女子学園　ほか1校
17 □ （　）利益　淑徳　ほか1校
18 □ （　）資格　鷗友学園女子　ほか1校
19 □ （　）経験　普連土学園　ノートルダム清心
20 □ （　）差別　宝仙学園　ほか1校
21 □ （　）成年　東京立正　森村学園
22 □ （　）分別　金城学院　城西川越
23 □ （　）公開　調布　宮崎大附
24 □ （　）都合　奈良女子大附　東海大付浦安
25 □ （　）条件　愛知教育大附名古屋　ほか1校
26 □ （　）安定　比治山女子　東京立正
27 □ （　）確実　愛知教育大附名古屋　ほか1校
28 □ （　）意味　鈴鹿　明星
29 □ （　）始末　東海大付浦安　調布
30 □ （　）発見　比治山女子　ノートルダム清心

E 否定語のつく熟語——第2回テスト

●入試に出やすい漢字がよくわかる

出題回数2回～1回

（10分）

得点　/30

■（　）の中に「非・不・未・無」などの、ことばを打ち消す漢字を入れて、下の語を打ち消しなさい。

31 □（　　）自然　調布・淑徳
32 □（　　）関係　東京立正・調布
33 □（　　）機嫌　桜美林・淑徳
34 □（　　）親切　日出女子学園
35 □（　　）整理　鷗友学園女子
36 □（　　）関心　淑徳
37 □（　　）用意　普連土学園
38 □（　　）科学的　金城学院
39 □（　　）調和　普連土学園
40 □（　　）感覚　奈良女子大附
41 □（　　）計画　比治山女子
42 □（　　）人情　日出女子学園
43 □（　　）規律　三重大附
44 □（　　）公平　宮崎大附
45 □（　　）手際　普連土学園

46 □（　　）記名　愛光
47 □（　　）秩序　鎌倉学園
48 □（　　）邪気　帝塚山学院
49 □（　　）細工　森村学園
50 □（　　）表情　愛光
51 □（　　）得意　鈴鹿
52 □（　　）人間的　ノートルダム清心
53 □（　　）処理　東海大付浦安
54 □（　　）事故　東京立正
55 □（　　）注意　森村学園
56 □（　　）発達　鎌倉学園
57 □（　　）能率的　比治山女子
58 □（　　）気力　調布
59 □（　　）自由　ノートルダム清心
60 □（　　）神経　愛光

F

●入試に出やすい漢字がよくわかる●

反対語(対義語)——第1回テスト

出題回数17回〜2回

(10分)

得点　/30

■(　)内に上の語と反対または対《つい》の意味をもつ語を書きなさい。

1 □安全 ↔ (　　)　千葉日大第一・瀧野川女子学園ほか15校

2 □原因 ↔ (　　)　筑波大附駒場・金光学園　ほか13校

3 □拡大 ↔ (　　)　武蔵工業大付・鎌倉女学院　ほか11校

4 □需要 ↔ (　　)　城西川越・江戸川学園取手　ほか9校

5 □消費 ↔ (　　)　東海大付浦安・明星女子部　ほか8校

6 □単純 ↔ (　　)　三重大附・千葉日大第一　ほか8校

7 □自然 ↔ (　　)　筑波大附駒場・武庫川　ほか7校

8 □容易 ↔ (　　)　香川大附高松・東海大付浦安　ほか7校

9 □義務 ↔ (　　)　江戸川学園取手・佐野日大　ほか6校

10 □抽象 ↔ (　　)　上宮・明星女子部・甲南　ほか4校

11 □戦争 ↔ (　　)　名古屋学院・西南女学院　ほか4校

12 □集合 ↔ (　　)　智辯学園・四天王寺羽曳丘　ほか3校

13 □利益 ↔ (　　)　東洋英和女学院・履正社学園豊中　ほか3校

14 □延長 ↔ (　　)　洛南高附・武蔵工業大付　ほか3校

15 □許可 ↔ (　　)　四天王寺羽曳丘・横浜英和女学院ほか3校

---

16 □簡単 ↔ (　　)　大阪女学院・四天王寺羽曳丘　ほか2校

17 □理想 ↔ (　　)　富士見丘(横)・帝塚山　ほか2校

18 □積極的 ↔ (　　)　高知・千葉日大第一　ほか2校

19 □得意 ↔ (　　)　甲陽学院・文京女子大　ほか2校

20 □満潮 ↔ (　　)　同志社・東京立正・千葉日大第一　ほか1校

21 □成功 ↔ (　　)　三重大附・千葉日大第一　ほか2校

22 □保守 ↔ (　　)　城西川越・履正社学園豊中　ほか2校

23 □勝利 ↔ (　　)　東京文化・高知・大西学園

24 □悲観 ↔ (　　)　立命館・文京女子大・履正社学園豊中

25 □過去 ↔ (　　)　香川大附坂出・立命館・大西学園

26 □天然 ↔ (　　)　武庫川・明大中野八王子・洛南高附

27 □正常 ↔ (　　)　履正社学園豊中・戸板・東京立正

28 □支出 ↔ (　　)　文京女子大・城西大城西　ほか1校

29 □増加 ↔ (　　)　嘉悦女子・東京立正　ほか1校

30 □一般 ↔ (　　)　聖徳学園　履正社学園豊中

F

●入試に出やすい漢字がよくわかる

反対語(対義語)――第2回テスト

出題回数2回〜1回

(10分)

得点 30

■( )内に上の語と反対または対《つい》の意味をもつ語を書きなさい。

31 □赤字 ↔ (　　) 聖母女学院 大西学園
32 □運動 ↔ (　　) 上宮 智辯学園
33 □遠心 ↔ (　　) 青山学院 東海大付浦安
34 □未熟 ↔ (　　) 武蔵工業大付 城西川越
35 □偶然 ↔ (　　) 江戸川学園取手 武蔵工業大付
36 □空想 ↔ (　　) 芝浦工業大 城西大城西
37 □破壊 ↔ (　　) 四天王寺羽曳丘 履正社学園豊中
38 □幸運 ↔ (　　) 京華女子 共栄学園
39 □平面 ↔ (　　) 鎌倉女学院 ほか1校
40 □有害 ↔ (　　) 立命館 松蔭(兵)
41 □差別 ↔ (　　) 香川大附高松 大西学園
42 □自立 ↔ (　　) 東海大付浦安 富士見丘(横)
43 □絶対 ↔ (　　) 甲南 東海大付浦安
44 □間接 ↔ (　　) 穎明館 愛国
45 □長所 ↔ (　　) 西南女学院 愛国

46 □登校 ↔ (　　) 千葉日大第一 愛国
47 □内容 ↔ (　　) 城西大城西 富士見
48 □進化 ↔ (　　) 南山男子部 日大第三
49 □幹線 ↔ (　　) 青山学院 履正社学園豊中
50 □浪費 ↔ (　　) 東海大付浦安 履正社学園豊中
51 □遺失 ↔ (　　) 桜蔭 東海大付浦安
52 □主観 ↔ (　　) 聖母女学院 鷗友学園女子
53 □前進 ↔ (　　) 横浜英和女学院 桜蔭
54 □悪評 ↔ (　　) 青山学院
55 □感情 ↔ (　　) 甲南女子
56 □逆境 ↔ (　　) 東洋英和女学院
57 □終着 ↔ (　　) 高輪
58 □精密 ↔ (　　) 城西川越
59 □祖先 ↔ (　　) 京都教育大附桃山
60 □否決 ↔ (　　) 青山学院

F

●入試に出やすい漢字がよくわかる

反対語(対義語)——第3回テスト

出題回数　1回

(10分)

得点　/30

■(　)内に上の語と反対または対《つい》の意味をもつ語を書きなさい。

61 □異説 ↔ (　　) 文京女子大
62 □過疎 ↔ (　　) 土佐女子
63 □好調 ↔ (　　) 青山学院
64 □逆風 ↔ (　　) 千葉日大第一
65 □益虫 ↔ (　　) 横浜英和女学院
66 □賛成 ↔ (　　) 普連土学園
67 □終点 ↔ (　　) 青山学院
68 □質疑 ↔ (　　) 武蔵工業大付
69 □平凡 ↔ (　　) 日大
70 □不当 ↔ (　　) 昭和学院秀英高附
71 □余分 ↔ (　　) 東洋英和女学院
72 □軽視 ↔ (　　) 頌栄女子学院
73 □反抗 ↔ (　　) 浅野
74 □加入 ↔ (　　) 履正社学園豊中
75 □開会 ↔ (　　) 佐野日大

76 □天災 ↔ (　　) 松蔭(兵)
77 □入場 ↔ (　　) 香川大附坂出
78 □予算 ↔ (　　) 洛南高附
79 □清潔 ↔ (　　) 東京立正
80 □垂直 ↔ (　　) 賢明女子学院
81 □有限 ↔ (　　) 高輪
82 □物質 ↔ (　　) 南山男子部
83 □不漁 ↔ (　　) 金城学院
84 □原告 ↔ (　　) 武蔵工業大付
85 □自分 ↔ (　　) 光塩女子学院
86 □文明 ↔ (　　) 文京女子大
87 □着陸 ↔ (　　) 昭和学院
88 □不安 ↔ (　　) 北豊島
89 □部分 ↔ (　　) 佐野日大
90 □秘密 ↔ (　　) 智辯学園

F

●入試に出やすい漢字がよくわかる

反対語(対義語)——第4回テスト

出題回数5回～1回

(10分)

得点　30

■(　)内に上の語と反対または対《つい》の意味をもつ語(漢字一字)を書きなさい。

91 □進 ↔ (　　)　鷗友学園女子・履正社学園豊中ほか3校

92 □増 ↔ (　　)　同志社・愛知淑徳・大西学園 ほか1校

93 □縦 ↔ (　　)　玉川学園・鷗友学園女子 ほか2校

94 □寒 ↔ (　　)　京北・武蔵工業大付 ほか2校

95 □静 ↔ (　　)　洛南高附・富士見・京北 ほか1校

96 □明 ↔ (　　)　芦屋大附・京北・愛国

97 □表 ↔ (　　)　瀧野川女子学園・京北・芦屋大附

98 □公 ↔ (　　)　玉川学園・瀧野川女子学園・京北

99 □取 ↔ (　　)　京北・世田谷学園・瀧野川女子学園

100 □往 ↔ (　　)　履正社学園豊中　芦屋大附

101 □高 ↔ (　　)　東京立正　芦屋大附

102 □売 ↔ (　　)　武庫川　芦屋大附

103 □難 ↔ (　　)　世田谷学園　履正社学園豊中

104 □利 ↔ (　　)　愛知淑徳　武蔵工業大付

105 □損 ↔ (　　)　武庫川　鷗友学園女子

106 □集 ↔ (　　)　履正社学園豊中　瀧野川女子学園

107 □新 ↔ (　　)　愛知淑徳　賢明女子学院

108 □玉《ぎょく》 ↔ (　　)　京北　世田谷学園

109 □失 ↔ (　　)　甲南女子　武庫川

110 □遠 ↔ (　　)　芦屋大附

111 □異 ↔ (　　)　京北

112 □功 ↔ (　　)　玉川学園

113 □断 ↔ (　　)　洛南高附

114 □問 ↔ (　　)　甲陽学院

115 □発 ↔ (　　)　武蔵工業大付

116 □因 ↔ (　　)　瀧野川女子学園

117 □強 ↔ (　　)　芦屋大附

118 □攻 ↔ (　　)　履正社学園豊中

119 □軽 ↔ (　　)　世田谷学園

120 □貧 ↔ (　　)　玉川学園

●入試に出やすい漢字がよくわかる●

G 四字熟語——第1回テスト

出題回数22回～6回

（20分）

得点
30

■次の□に適切な漢字を入れて四字熟語を完成しなさい。また、できた熟語の読みを（　）内に書きなさい。（意味は辞書で調べておきましょう。）

1 □一石二□（　　）江戸川女子・熊本マリスト　ほか20校
2 □一日□秋（　　）灘・富士見・洛南高附　ほか14校
3 □千差万□（　　）光塩女子学院・帝塚山学院　ほか14校
4 □□朝□夕（　　）慶応中等部・日向学院・帝京大　ほか12校
5 □一進一□（　　）筑波大附・福山暁の星女子　ほか11校
6 □十人十□（　　）日大第一・六甲・富士見丘　ほか10校
7 □五里□中（　　）帝京大・暁星国際・大西学園　ほか10校
8 □一□不乱（　　）鎌倉学園・帝塚山・高知　ほか9校
9 □一□両得（　　）日向学院・六甲・暁星国際　ほか8校
10 □異□同音（　　）神戸女学院・履正社学園豊中　ほか9校
11 □□機応変（　　）千葉日大第一・聖徳大附聖徳　ほか9校
12 □□心伝心（　　）立教女学院・金城学院　ほか7校
13 □自□自賛（　　）芦屋大附・西南女学院　ほか7校
14 □□変万化（　　）四天王寺羽曳丘・慶応中等部　ほか7校
15 □大器□成（　　）神戸女学院・灘・西大和学園　ほか5校

16 □一□一憂（　　）同志社女子・筑波大附　ほか5校
17 □心□一転（　　）池田・芦屋大附・暁星国際　ほか4校
18 □□発百中（　　）灘・帝京大・光塩女子学院　ほか4校
19 □右往□往（　　）文教大付・白陵・相模女子大　ほか4校
20 □無我□中（　　）帝塚山・四天王寺・松蔭　ほか4校
21 □□言実行（　　）千代田女学園・共立女子第二　ほか4校
22 □一□一短（　　）目白学園・高輪・鎌倉学園　ほか3校
23 □□田引水（　　）昭和女子大昭和・富士見丘(横)　ほか4校
24 □自□自得（　　）瀧野川女子学園・千葉日大第一　ほか4校
25 □日進□歩（　　）西南女学院・相模女子大　ほか4校
26 □三寒□温（　　）穎明館・城西川越・日向学院　ほか3校
27 □四苦□苦（　　）富士見・熊本マリスト　ほか4校
28 □□刀直入（　　）武蔵工業大付・芦屋大附　ほか4校
29 □言語道□（　　）明治学院・聖徳大附聖徳　ほか4校
30 □絶□絶命（　　）千代田女学園・西南女学院　ほか4校

G 入試に出やすい漢字がよくわかる

四字熟語——第2回テスト

出題回数5回〜2回

（20分）

得点 ／30

■次の□に適切な漢字を入れて四字熟語を完成しなさい。また、できた熟語の読みを（　）内に書きなさい。（意味は辞書で調べておきましょう。）

31 □七転八□（　　　）光塩女子学院・四天王寺羽曳丘ほか3校

32 □馬耳□風（　　　）文京女子大・灘・千葉日大第一ほか1校

33 □自□自足（　　　）日大第一・灘・大西学園ほか1校

34 □千□一遇（　　　）明治学院・四天王寺羽曳丘ほか2校

35 □半信半□（　　　）巣鴨・帝塚山・洛南高附ほか1校

36 □□今東西（　　　）神戸女学院・大西学園ほか2校

37 □意味□長（　　　）山脇学園・神戸女学院ほか2校

38 □自由自□（　　　）目白学園・聖徳大附聖徳ほか2校

39 □前代未□（　　　）灘・六甲ほか2校

40 □付和□同（　　　）履正社学園豊中・暁星国際ほか2校

41 □大□小異（　　　）山脇学園・帝塚山・桜蔭ほか1校

42 □公明□大（　　　）洛南高附・千代田女学園ほか2校

43 □危機一□（　　　）池田・千葉日大第一ほか2校

44 □一部□終（　　　）灘・品川女子学院・帝塚山

45 □一□同体（　　　）芦屋大附・六甲・北豊島

46 □□果応報（　　　）灘・山脇学園・千葉日大第一

47 □喜怒□楽（　　　）西大和学園・昭和学院秀英高附ほか1校

48 □支離□裂（　　　）千葉日大第一・高輪・大西学園

49 □千□万来（　　　）洛南高附・帝京大・大西学園

50 □多種多□（　　　）穎明館・日向学院ほか1校

51 □意気□合（　　　）目白学園・文京女子大ほか1校

52 □朝三暮□（　　　）四天王寺羽曳丘・帝京大・富士見丘(横)

53 □□石混交（　　　）灘 東京成徳短大付

54 □四六□中（　　　）帝塚山 千代田女学園

55 □二□三文（　　　）明治学院 帝京大

56 □適□適所（　　　）山脇学園 高輪

57 □不□不休（　　　）穎明館 帝塚山

58 □朝令暮□（　　　）女子聖学院 明治学院

59 □一望□里（　　　）光塩女子学院 熊本マリスト

60 □□想天外（　　　）富士見 暁星国際

G

●入試に出やすい漢字がよくわかる

四字熟語――第3回テスト

出題回数2回〜1回

（20分）

得点 ／30

■次の□に適切な漢字を入れて四字熟語を完成しなさい。また、できた熟語の読みを（　）内に書きなさい。（意味は辞書で調べておきましょう。）

61 □ 徹頭徹□（　　　）松蔭 四天王寺
62 □ 三拝□拝（　　　）文京女子大 四天王寺羽曳丘
63 □ 一刀□断（　　　）武蔵工業大付 日向学院
64 □ 針小□大（　　　）穎明館 ほか1校
65 □ 弱□強食（　　　）灘 品川女子学院
66 □ 晴□雨読（　　　）慶応中等部 東京成徳短大付
67 □ 一□即発（　　　）帝京大 暁星国際
68 □ 一生懸□（　　　）帝塚山 北豊島
69 □ 悪□苦闘（　　　）暁星国際 富士見丘(横)
70 □ 疑心□鬼（　　　）西大和学園 高輪
71 □ 自□満々（　　　）同志社女子 千葉日大第一
72 □ 七□八起（　　　）熊本マリスト 洛南高附
73 □ 八方□人（　　　）帝京大 川村
74 □ 本末転□（　　　）西大和学園 高輪
75 □ 一□一動（　　　）光塩女子学院 聖光学院

76 □ □年一日（　　　）東京成徳短大付 聖光学院
77 □ 正々□々（　　　）同志社女子 洗足学園大附
78 □ 有名無□（　　　）富士見 桜蔭
79 □ 悪口□言（　　　）慶応中等部
80 □ □千山千（　　　）安田学園
81 □ 一意□心（　　　）文京女子大
82 □ □炉冬扇（　　　）江戸川女子
83 □ 完全無□（　　　）世田谷学園
84 □ 自□自答（　　　）帝塚山
85 □ 起□転結（　　　）瀧野川女子学園
86 □ 全□全能（　　　）灘
87 □ 大言□語（　　　）千葉日大第一
88 □ 沈思□考（　　　）山脇学園
89 □ □者択一（　　　）川村
90 □ □戦錬磨（　　　）西大和学園

G 四字熟語——第4回テスト

●入試に出やすい漢字がよくわかる

出題回数 1回

（20分）

得点 ／30

■次の□に適切な漢字を入れて四字熟語を完成しなさい。また、できた熟語の読みを（　）内に書きなさい。（意味は辞書で調べておきましょう。）

91 □ 一件□着（　　）六甲
92 □ □前絶後（　　）暁星国際
93 □ 共□共栄（　　）西大和学園
94 □ 油□大敵（　　）京北
95 □ 老□男女（　　）白陵
96 □ 初志□徹（　　）日大
97 □ 暴□暴食（　　）灘
98 □ 一騎□千（　　）帝京大
99 □ 謹厳□直（　　）共立女子第二
100 □ 南船北□（　　）灘
101 □ 正□正銘（　　）帝京大
102 □ 事実無□（　　）世田谷学園
103 □ 前□多難（　　）帝塚山
104 □ 東奔西□（　　）江戸川学園取手
105 □ 優□不断（　　）西大和学園

106 □ 用意□到（　　）暁星国際
107 □ 意志□弱（　　）山脇学園
108 □ 一□千金（　　）武蔵工業大付
109 □ 公私□同（　　）灘
110 □ □捨選択（　　）富士見
111 □ 終始一□（　　）千葉日大第一
112 □ 自□自棄（　　）高輪
113 □ 誠心誠□（　　）穎明館
114 □ 大□名分（　　）世田谷学園
115 □ 昼夜□行（　　）洛南高附
116 □ 無□無想（　　）国士舘
117 □ □辞麗句（　　）江戸川学園取手
118 □ 前後不□（　　）灘
119 □ □否両論（　　）神戸女学院
120 □ 才色□備（　　）暁星国際

H

●入試に出やすい漢字がよくわかる

漢字の筆順

第1回テスト

出題回数9回〜1回

（20分）

得点　／30

■次の漢字の正しい筆順を一画ずつ（　）に書きなさい。

1 □必（　　）富士見丘(東)・穎明館　ほか7校
2 □成（　　）熊本マリスト・奈良教育大附　ほか3校
3 □乗（　　）吉祥女子・安田学園　ほか2校
4 □馬（　　）穎明館・四天王寺羽曳丘　ほか1校
5 □飛（　　）佐野日大・四天王寺羽曳丘　ほか1校
6 □発（　　）広島大附東雲・岡山白陵　ほか1校
7 □衆（　　）佐野日大　広島大附東雲
8 □情（　　）名古屋学院　日大
9 □感（　　）奈良教育大附　四天王寺羽曳丘
10 □歴（　　）四天王寺羽曳丘　奈良教育大附
11 □方（　　）洛南高附　熊本マリスト
12 □氷（　　）吉祥女子　四天王寺羽曳丘
13 □耳（　　）香川大附坂出　鎌倉女学院
14 □悲（　　）高輪　奈良教育大附
15 □書（　　）京都教育大附桃山　ほか1校

16 □右（　　）熊本マリスト　高輪
17 □何（　　）安田女子　高輪
18 □無（　　）岡山白陵　香川大附坂出
19 □希（　　）名古屋学院　香川大附坂出
20 □柄（　　）高輪
21 □道（　　）穎明館
22 □機（　　）日大第三
23 □悪（　　）三重
24 □犯（　　）聖園女学院
25 □域（　　）東山
26 □原（　　）奈良教育大附
27 □収（　　）岡山大附
28 □角（　　）香川大附坂出
29 □病（　　）開成
30 □非（　　）金光学園

H 漢字の筆順

●入試に出やすい漢字がよくわかる

第2回テスト

出題回数 1回

（20分）

得点 ／30

■次の漢字の正しい筆順を一画ずつ（　）に書きなさい。

31 □ 布（　　）香川大附坂出
32 □ 毎（　　）福岡教育大附福岡
33 □ 臣（　　）安田女子
34 □ 進（　　）岡山大附
35 □ 皮（　　）開成
36 □ 長（　　）金光学園
37 □ 不（　　）熊本マリスト
38 □ 可（　　）香川大附坂出
39 □ 臨（　　）広島大附東雲
40 □ 万（　　）三重
41 □ 集（　　）開成
42 □ 若（　　）鎌倉女学院
43 □ 思（　　）高輪
44 □ 糸（　　）穎明館
45 □ 灰（　　）奈良教育大附

46 □ 快（　　）三重
47 □ 棒（　　）日大第三
48 □ 河（　　）洛南高附
49 □ 医（　　）香川大附坂出
50 □ 張（　　）佐賀大附
51 □ 片（　　）香川大附坂出
52 □ 夜（　　）四天王寺羽曳丘
53 □ 落（　　）開成
54 □ 秘（　　）城西川越
55 □ 減（　　）香川大附坂出
56 □ 母（　　）四天王寺羽曳丘
57 □ 区（　　）三重
58 □ 門（　　）吉祥女子
59 □ 性（　　）聖園女学院
60 □ 駆（　　）高輪

I

入試に出やすい漢字がよくわかる

漢字の画数——第1回テスト

出題回数4回〜1回

（20分）

得点　／30

■次の漢字の画数を漢数字で答えなさい。

1 □断（　　画）　東京文化・高輪・富士見丘(東) ほか1校

2 □遠（　　画）　安田女子・高輪・昭和女子大昭和

3 □強（　　画）　広島大附東雲・淑徳・高輪

4 □敵（　　画）　昭和女子大昭和・玉川学園

5 □準（　　画）　高輪・玉川学園

6 □差（　　画）　聖園女学院・玉川学園

7 □比（　　画）　宮崎大附・淑徳

8 □画（　　画）　広島大附東雲・日大第二

9 □勢（　　画）　玉川学園・広島大附東雲

10 □考（　　画）　洛南高附・広島大附東雲

11 □教（　　画）　金光学園・富士見丘(横)

12 □歌（　　画）　昭和女子大昭和

13 □就（　　画）　高輪

14 □健（　　画）　玉川学園

15 □績（　　画）　玉川学園

16 □庭（　　画）　高輪

17 □写（　　画）　金光学園

18 □委（　　画）　佐賀大附

19 □速（　　画）　岡山大附

20 □都（　　画）　聖園女学院

21 □第（　　画）　高輪

22 □吸（　　画）　広島大附東雲

23 □海（　　画）　広島大附東雲

24 □専（　　画）　奈良女子大附

25 □貿（　　画）　東京文化

26 □辞（　　画）　東京女子学院

27 □案（　　画）　女子聖学院

28 □様（　　画）　日大第二

29 □率（　　画）　松蔭

30 □進（　　画）　横浜国大横浜

I

●入試に出やすい漢字がよくわかる

漢字の画数――第2回テスト

出題回数　1回

（20分）

得点　／30

■次の漢字の画数を漢数字で答えなさい。

31 □糸（　画）　国士舘
32 □質（　画）　日大豊山女子
33 □限（　画）　富士見丘(横)
34 □酸（　画）　洛南高附
35 □弓（　画）　鈴鹿
36 □興（　画）　南山男子部
37 □改（　画）　清風
38 □局（　画）　洛南高附
39 □降（　画）　奈良学園
40 □疲（　画）　愛知教育大附名古屋
41 □線（　画）　京華
42 □姿（　画）　鈴鹿
43 □新（　画）　昭和女子大昭和
44 □郷（　画）　高輪
45 □額（　画）　玉川学園

46 □部（　画）　高輪
47 □道（　画）　金光学園
48 □弱（　画）　安田女子
49 □肥（　画）　佐賀大附
50 □緑（　画）　岡山大附
51 □費（　画）　広島大附東雲
52 □郵（　画）　奈良女子大附
53 □犯（　画）　東京女子学院
54 □毎（　画）　日大豊山
55 □発（　画）　日大第二
56 □包（　画）　洛南高附
57 □病（　画）　高知
58 □雑（　画）　清風
59 □乳（　画）　鈴鹿
60 □記（　画）　広島大附東雲

●入試に出やすい漢字がよくわかる

J　熟語の組み立て——第1回テスト

出題回数　1回　（10分）

得点　　／30

■1～25はぼう線部の熟語と組み立てが同じものを、26～30は1つだけ熟語の組み立てが異なるものを、それぞれ下から選んで（　）の中に書きなさい。

1 □花束／寒暖・登山・日照・鉄棒（　　）山脇学園
2 □始末／計算・求人・新旧・仮面（　　）専修大松戸
3 □語源／外国・作文・集合・登山（　　）大妻
4 □干満／重罪・採血・興亡・平和（　　）聖徳大附女子
5 □失望／往復・選別・造船・旧友（　　）佼成学園
6 □休日／着地・円形・苦痛・否認（　　）玉川学園
7 □特権／運送・発光・深海・頭痛（　　）東京電機大
8 □牛乳／少量・困苦・閉館・寒暖（　　）水戸英宏
9 □永住／育児・未知・物価・豊富（　　）東京電機大
10 □技術／寄宿・短冊・創造・夫婦（　　）日大豊山女子
11 □人造／月末・頭痛・乗車・未知（　　）茨城キリスト教学園
12 □読者／投書・読書・異議・無視（　　）東京都市大等々力
13 □花粉／計測・冷水・日照・消火（　　）中村
14 □暖気／救助・特権・開会・私営（　　）日本学園
15 □曲線／売買・着席・読者・建築（　　）國學院栃木

16 □動物／身体・非常・笑顔・入出（　　）実践学園
17 □価値／高低・新人・読書・道路（　　）八雲学園
18 □朗報／美談・観劇・防寒・満足（　　）日大藤沢
19 □安易／温暖・加減・眼下・乗車（　　）日大
20 □頂上／希望・黄色・投球・進退（　　）実践学園
21 □問答／往復・明月・下降・読書（　　）日大
22 □注意／上下・寒冷・海底・読書（　　）鶴見大附
23 □松竹梅／雨模様・高低差・陸海空（　　）目黒学院
24 □海岸線／高学年・市町村・時刻表（　　）國學院栃木
25 □深呼吸／映写機・二往復・週刊誌（　　）共立女子
26 □漁村・森林・強風・赤土（　　）中村
27 □船出・雷鳴・作文・県立（　　）横浜国大横浜
28 □巨大・身体・登山・衣服（　　）国学院久我山
29 □誕生・入学・卒業・就職・昇天（　　）攻玉社
30 □確実視・代表戦・可能性・全部員（　　）東京都市大等々力

J ●入試に出やすい漢字がよくわかる

熟語の組み立て——第2回テスト

出題回数 1回 （10分） 得点 ／30

■31〜55はぼう線部の熟語と組み立てが同じものを、56〜60は1つだけ熟語の組み立てが異なるものを、それぞれ下から選んで（　）の中に書きなさい。

31 □最近／国立・救助・特大・勝敗（　　　）川崎市立川崎
32 □希望／過去・縦横・頭痛・帰国（　　　）山脇学園
33 □競技／録音・昇降・表面・接続（　　　）東京電機大
34 □定説／県立・公務・法律・指名（　　　）専修大松戸
35 □共存／無限・開会・歓喜・再開（　　　）佼成学園
36 □親友／香水・寒暖・建設・挙手（　　　）聖徳大附女子
37 □秘密／賛否・寒冷・雷鳴・着席（　　　）埼玉栄
38 □因果／伸縮・不足・減刑・悲哀（　　　）春日部共栄
39 □推量／苦楽・読書・国立・満足（　　　）昌平
40 □奥山／日没・天地・海水・登山（　　　）土浦日大
41 □看板／帰郷・公然・入試・隊長（　　　）専修大松戸
42 □入学／入試・無益・提供・求人（　　　）水戸英宏
43 □和食／岩石・天地・着席・洋画（　　　）智学館
44 □美術／平易・落葉・公営・洗面（　　　）茨城キリスト教学園
45 □読書／着席・新雪・寒暖・無常（　　　）日大豊山女子

46 □永久／絵画・降水・増減・苦楽（　　　）國學院栃木
47 □放鳥／延期・最後・里山・場所（　　　）日本学園
48 □存在／読書・日没・習慣・高低（　　　）実践学園
49 □遠近／清潔・開会・難易・救助（　　　）日大
50 □起床／失恋・違反・販売・獣医（　　　）日大藤沢
51 □具体／読書・国連・苦楽・未熟（　　　）中央大横浜
52 □場所／取捨・洋画・多大・出題（　　　）明法
53 □入道雲／新学期・無制限・座席表（　　　）昌平
54 □衣食住／体育館・論理的・松竹梅（　　　）水戸英宏
55 □価値観／小細工・外交官・収納庫（　　　）共立女子
56 □産地・外皮・害虫・発芽（　　　）八雲学園
57 □応答・温暖・往復・拡大（　　　）横浜国大横浜
58 □本末・危機・有無・否応（　　　）東京都市大等々力
59 □新年・弱点・必要・予習・年長（　　　）埼玉大附
60 □想像力・外科医・好景気・私有地（　　　）国府台女子学院

漢字力判定・自己チェックらん

★各回ごとの得点を合計して下の判定表と見くらべ，自分の漢字力を判定してみましょう。また，この表を活用することで，２回目にやったときにどのくらい実力が向上したかもチェックできます。

		１回目	２回目			１回目	２回目			１回目	２回目
漢字の書き取り	第１回	点	点		第33回	点	点		第15回	点	点
	第２回	点	点		第34回	点	点		第16回	点	点
	第３回	点	点		第35回	点	点		第17回	点	点
	第４回	点	点		第36回	点	点		第18回	点	点
	第５回	点	点		第37回	点	点		第19回	点	点
	第６回	点	点		第38回	点	点		第20回	点	点
	第７回	点	点		第39回	点	点	ことわざ・慣用句	第１回	点	点
	第８回	点	点		第40回	点	点		第２回	点	点
	第９回	点	点		第41回	点	点		第３回	点	点
	第10回	点	点		第42回	点	点		第４回	点	点
	第11回	点	点		第43回	点	点		第５回	点	点
	第12回	点	点		第44回	点	点	漢字の部首名	第１回	点	点
	第13回	点	点		第45回	点	点		第２回	点	点
	第14回	点	点		第46回	点	点	否定語のつく熟語	第１回	点	点
	第15回	点	点		第47回	点	点		第２回	点	点
	第16回	点	点		第48回	点	点	反対語（対義語）	第１回	点	点
	第17回	点	点		第49回	点	点		第２回	点	点
	第18回	点	点		第50回	点	点		第３回	点	点
	第19回	点	点	漢字の読み	第１回	点	点		第４回	点	点
	第20回	点	点		第２回	点	点	四字熟語	第１回	点	点
	第21回	点	点		第３回	点	点		第２回	点	点
	第22回	点	点		第４回	点	点		第３回	点	点
	第23回	点	点		第５回	点	点		第４回	点	点
	第24回	点	点		第６回	点	点	漢字の筆順	第１回	点	点
	第25回	点	点		第７回	点	点		第２回	点	点
	第26回	点	点		第８回	点	点	漢字の画数	第１回	点	点
	第27回	点	点		第９回	点	点		第２回	点	点
	第28回	点	点		第10回	点	点	熟語の組み立て	第１回	点	点
	第29回	点	点		第11回	点	点		第２回	点	点
	第30回	点	点		第12回	点	点				
	第31回	点	点		第13回	点	点	得点合計		点	点
	第32回	点	点		第14回	点	点				

漢字力判定表	レベル	１級	２級	３級	４級	５級
	得点	2651点以上	2372点以上	1953点以上	1674点以上	1673点以下
	評価	文句なしの実力です	まずはひと安心の実力です	まあまあの実力ゆだんは禁物	もう一，二度くり返し復習を	教科書の漢字からやりなおそう

これで入試は完璧 中学入試用

定価1,100円（税込）

出題ベスト10シリーズ①
これが入試に出る 読解 ベスト10

解答書きこみ式

中学の受験希望者を対象に、広く小学校高学年の人にも使えるよう編集したものです。各分野とも、過去の入学試験問題の中から出題頻度や傾向をもとに10ずつのテーマを取り上げました。また、文章量や設問数は実際の入試に即したものとなっています。設問は編者が各入試問題から精選し、一つの問題として編成し直したものです。

出題ベスト10シリーズ②
これが入試に出る 漢字 合格の2790題

解答書きこみ式

中学入試をめざす人のために、過去の入試に出題された漢字関連問題をくわしく調べて、出題回数の多い順に並べたものです。

書き取り、読みだけでなく中学入試に出やすいことわざや慣用句、四字熟語、反対語（対義語）、部首、画数、筆順、熟語の組み立てなどの問題も収録してあります。

定価1,100円（税込）

定価1,100円（税込）

出題ベスト10シリーズ③
これが入試に出る 計算 合格の820題

全問くわしい解き方つき

過去の入試問題から820題を厳選し、中学受験の「計算」の基本的な力がしっかり身につくように編集しました。計算パターンごとに比較的やさしいものから順に構成してあります。前半はいわゆる「計算問題」で、後半は「1～2行小問」の基礎的な問題になっています（図形、特殊算をのぞく）。

出題ベスト10シリーズ④
これが入試に出る 図形 ベスト10

全問くわしい解き方つき

算数の図形問題に39の「原則」（実戦テクニック）をあてはめて解く、画期的な問題集です。全国150校の入試問題をパターン別に分析・整理した200題を出題ランキング順に並べてあり、効率よく実力をつけることができます。類書にはないボリュームの別冊では、たっぷり収録した図や解法を使い、全問をていねいに解説してあります。

定価1,100円（税込）

別冊

これが入試に出る

漢字 合格の2790題

解答書きこみ式

■解答編

＊本体からていねいにぬきとってご使用ください。

声の教育社

A 漢字の書き取り ― 解答 ―

第1回

1 関心
2 専門
3 不思議
4 刻
5 厳
6 発揮
7 胸
8 複雑
9 簡単
10 興奮
11 想像
12 捨
13 危険
14 興味
15 映
16 備
17 承知
18 意外
19 勧
20 借
21 印象
22 険
23 転
24 厚
25 観察
26 穀物
27 垂
28 習慣
29 往復
30 探(捜)

第2回

31 経験
32 困
33 地域
34 染
35 延期
36 姿勢
37 秘密
38 容易
39 預
40 構
41 歓声
42 単純
43 過程
44 裏
45 従
46 清潔
47 浴
48 検討
49 宣伝
50 対象
51 展覧
52 勤
53 延
54 減
55 光景
56 気配
57 提供
58 届
59 整
60 慣

第3回

61 耕
62 縮
63 外
64 招
65 包
66 障害
67 故障
68 価値
69 済
70 看護
71 補
72 覚
73 深刻
74 痛
75 拾
76 注
77 口調
78 存在
79 効果
80 唱
81 似
82 模様
83 翌日
84 感謝
85 貸
86 拡張
87 訪
88 加減
89 衛星
90 機会

第4回

91 見当
92 貴重
93 規模
94 積
95 絶
96 傷
97 省
98 納得
99 得意
100 典型
101 費
102 都合
103 準備
104 招待
105 支持
106 判断
107 看病
108 感心
109 営
110 全然
111 郵便
112 編
113 暴
114 競争
115 暖
116 現象
117 快
118 誤解
119 視線
120 実際

第5回

121 成績
122 操作
123 許
124 沿
125 程度
126 空
127 保護
128 演奏
129 磁石
130 逆
131 砂糖
132 試
133 故郷
134 映像
135 対策
136 蒸発
137 退
138 敬
139 移
140 現
141 練
142 振
143 模型
144 立派
145 危
146 温
147 挙
148 臨
149 確認
150 絶対

A 漢字の書き取り ― 解答 ―

第6回

151 織
152 往来
153 幼
154 囲
155 額
156 救急
157 始
158 分担
159 批判
160 質素
161 裁
162 資源
163 評判
164 夢中
165 貿易
166 率
167 増
168 発芽
169 初
170 功績
171 断
172 効
173 帯
174 合唱
175 宇宙
176 疑
177 意識
178 謝
179 熱
180 満足

第7回

181 期待
182 納
183 修
184 自信
185 混乱
186 回復
187 任
188 態度
189 操縦
190 努
191 優
192 解放
193 治
194 吸
195 要領
196 輸入
197 留守
198 反
199 縦断
200 背
201 出版
202 背
203 建
204 訪
205 確
206 務
207 対照
208 認
209 鼻
210 売買

第8回

211 果
212 散
213 訪問
214 保障
215 保証
216 展示
217 知識
218 当然
219 干
220 幹
221 混
222 難
223 真相
224 群
225 刷
226 設
227 支
228 収
229 自覚
230 延長
231 頂
232 採集
233 裁判
234 勢
235 誤
236 拡大
237 固
238 奏
239 構
240 簡潔

第9回

241 歓待
242 管理
243 機械
244 供給
245 経過
246 結局
247 結構
248 公衆
249 異
250 評価
251 野菜
252 易
253 心臓
254 神秘
255 垂直
256 姿
257 業績
258 実績
259 能率
260 損
261 印刷
262 著
263 遺産
264 案外
265 操
266 穴
267 負
268 合図
269 覚
270 視界

第10回

271 資格
272 指揮
273 固有
274 困難
275 講義
276 肥
277 観念
278 栄養
279 就任
280 取捨
281 主張
282 純真
283 賞(称)賛
284 忠告
285 貯水
286 体操
287 処理
288 待機
289 始末
290 視野
291 暑
292 背景
293 測
294 発達
295 晩
296 反射
297 点検
298 天候
299 伝統
300 展望

A 漢字の書き取り ―解答―

第11回

301 未知
302 忘
303 無造作
304 無理
305 防
306 補給
307 批評
308 器用
309 紀行
310 朗読
311 利益
312 余地
313 役割
314 有効
315 働
316 真剣
317 創造
318 吸収
319 荷物
320 折
321 温暖
322 迷
323 刷新
324 冷
325 専念
326 便利
327 責
328 雑木
329 便乗
330 成果

第12回

331 競
332 頭上
333 頭脳
334 導
335 記憶
336 置
337 限
338 罪
339 注文
340 状態
341 雑誌
342 兼
343 検査
344 採
345 暮
346 報告
347 報道
348 否定
349 配達
350 発展
351 果
352 泣
353 生意気
354 燃料
355 脳裏
356 除
357 経
358 連
359 署名
360 使命

第13回

361 周囲
362 憲法
363 観測
364 冊
365 格好
366 可能
367 交
368 歓喜
369 賛成
370 残念
371 環境
372 散歩
373 思案
374 展開
375 収拾
376 修理
377 熟
378 紹介
379 領域
380 臨時
381 焼
382 遊覧
383 予想
384 幕
385 巻
386 主婦
387 需要
388 熟練
389 情報
390 将来

第14回

391 窓
392 未熟
393 報
394 芽
395 無視
396 不意
397 明朗
398 燃
399 風景
400 復元
401 再
402 負担
403 漁師
404 復旧
405 相談
406 独特
407 組織
408 属
409 担任
410 達成
411 探検(険)
412 注視
413 朝刊
414 調査
415 貯蔵
416 直径
417 訳
418 快適
419 確保
420 適切

第15回

421 停止
422 停留
423 敵
424 的確
425 登場
426 特有
427 洗練
428 制限
429 設備
430 宣言
431 先祖
432 専用
433 縦横
434 至急
435 支障
436 事情
437 看板
438 推
439 治
440 承
441 遺伝子
442 至
443 異常
444 勇
445 改
446 明
447 気候
448 危機
449 演劇
450 希望

A 漢字の書き取り ―解答―

第16回

451 基本
452 気味
453 究明
454 具合
455 訓練
456 現象
457 航海
458 好評
459 効率
460 呼吸
461 警告
462 救
463 機能
464 健
465 古来
466 規格
467 指示
468 不(無)器用
469 閉口
470 生
471 拝借
472 晩秋
473 独
474 避難
475 悲鳴
476 過
477 筋
478 速
479 均整
480 金属

第17回

481 暗示
482 出勤
483 順延
484 蒸気
485 小康
486 常識
487 職場
488 心境
489 察知
490 早速
491 比
492 敬遠
493 経済
494 努力
495 直
496 和
497 苦手
498 日課
499 入場券
500 値打
501 熱湯
502 季節
503 規則
504 寄付
505 起
506 教訓
507 強固
508 協調
509 許可
510 記録

第18回

511 無言
512 明確
513 名勝
514 文句
515 分(部)厚
516 発散
517 副作用
518 不潔
519 不服
520 降
521 街頭
522 意図
523 街道
524 開放
525 誇
526 留
527 異様
528 裏切
529 推定
530 街燈(灯)
531 平均
532 念
533 追
534 会釈
535 沿岸
536 沿線
537 裏山
538 編集
539 望遠鏡
540 放任

第19回

541 券
542 講堂
543 潔白
544 結論
545 博覧
546 泳
547 正確
548 精
549 開
550 回覧
551 険悪
552 玄関
553 健康
554 急速
555 大勢
556 周辺
557 志
558 保険
559 豊富
560 運賃
561 収容
562 手術
563 主食
564 出荷
565 確実
566 疑問
567 逆
568 平静
569 義務
570 快活

第20回

571 移植
572 正義
573 一糸
574 帰省
575 親善
576 解決
577 一緒
578 察
579 好意
580 構成
581 部屋
582 推移
583 燃焼
584 家屋
585 恩人
586 気象
587 築
588 勤務
589 厳重
590 口外
591 写真
592 修正
593 意志
594 潔
595 会心
596 階段
597 担
598 空
599 機器(器機)
600 感覚

A 漢字の書き取り ―解答―

第21回

601 制作
602 河口
603 連
604 林立
605 理解
606 製造
607 敗
608 貸借
609 童話
610 動機
611 誠実
612 周
613 身構
614 陽気
615 断
616 独創
617 接待
618 著名
619 退治
620 事態
621 生態
622 精密
623 整理
624 予測
625 乱暴
626 回覧板
627 余計
628 孫
629 底
630 支(仕)度

第22回

631 卒業
632 損失
633 損害
634 実態
635 尊重
636 利口(巧)
637 飲
638 大規模
639 縦
640 責任
641 絶望
642 節約
643 測量
644 通過
645 疲
646 放
647 舌
648 感傷
649 自己
650 絶賛
651 持参
652 就
653 説
654 創作
655 提案
656 注射
657 調子
658 伝道
659 停車
660 鉄筋

第23回

661 次第
662 前兆
663 輸出
664 優勢
665 連想
666 電燈(灯)
667 冷蔵庫
668 提起
669 類似
670 幼児
671 預金
672 犯罪
673 反映
674 張
675 忠実
676 曲
677 裁
678 対称
679 著者
680 建物
681 新調
682 負傷
683 指定
684 失礼
685 的外
686 喜
687 呼
688 翌朝
689 強
690 任務

第24回

691 重宝
692 調節
693 入荷
694 仕
695 痛快
696 追放
697 追究
698 追加
699 賃貸
700 直射
701 保
702 単調
703 束
704 卵
705 短縮
706 断固
707 知恵
708 伝
709 念頭
710 念願
711 直
712 質問
713 間近
714 窓際
715 群
716 無関心
717 妙
718 辞退
719 至上
720 構想

第25回

721 大衆
722 待望
723 対処
724 開閉
725 所属
726 初夏
727 省略
728 消費
729 消防署
730 採用
731 災難
732 採光
733 際限
734 合成
735 過密
736 巻頭
737 護衛
738 効用
739 孝養
740 候補
741 交付
742 賛否
743 障(触)
744 革命
745 確信
746 公表
747 根負
748 根源(元)
749 功名
750 均等

A 漢字の書き取り―解答―

第26回

751 緊張
752 勤労
753 苦労
754 区域
755 空港
756 偶然
757 苦境
758 具体
759 大群
760 幼少
761 策略
762 割
763 辞書
764 洋裁
765 避
766 徒歩
767 中断
768 仲裁
769 非常
770 飛散
771 多額
772 味方
773 満員
774 仕方
775 真似
776 交
777 土俵
778 粉
779 骨折
780 穀倉

第27回

781 小刻
782 絵画
783 観衆
784 歓迎
785 厚生
786 口実
787 再会
788 四季
789 孝行
790 降参
791 交差
792 識別
793 神経
794 禁止
795 興行
796 眼中
797 提
798 寄港（航）
799 難破
800 賛同
801 予期
802 加
803 内臓
804 破損
805 予知
806 課外
807 飼
808 果物
809 苦難
810 首筋

第28回

811 毒
812 到着
813 腹
814 有意義
815 指輪
816 由来
817 尊（貴）
818 研
819 解
820 投資
821 動作
822 統計
823 勇気
824 歴史
825 歴訪
826 冷静
827 流行
828 立候補
829 落下
830 優先
831 標語
832 離
833 養
834 当初
835 供
836 有無
837 尊敬
838 損得
839 有頂天
840 映画

第29回

841 永久
842 営業
843 胃腸
844 位置
845 遺失
846 意地
847 犯
848 温（穏）和
849 奇妙
850 意向
851 異議
852 息
853 著
854 後始末
855 機知
856 昨日
857 以来
858 意欲
859 一挙
860 揮発
861 基礎
862 全快
863 世話
864 是非
865 背中
866 絶頂
867 影
868 欠
869 重
870 課題

第30回

871 横行
872 横断
873 境界
874 競技
875 形相
876 強烈
877 参拝
878 背後
879 障子
880 衆議院
881 収支
882 従順
883 縦走
884 修行
885 種族
886 点呼
887 時機
888 巨大
889 樹木
890 収集
891 針葉樹
892 真理
893 毛筆
894 筋道
895 同窓会
896 寒暖
897 感想
898 地元
899 週刊誌
900 釈然

A 漢字の書き取り―解答―

第31回

901 製品
902 野性
903 秘境
904 反省
905 繁栄
906 万能
907 性能
908 生存
909 精製
910 適当
911 親切
912 積極
913 説教
914 善良
915 生計
916 成功
917 低迷
918 提出
919 政策
920 精神
921 侵入
922 整然
923 博士
924 博物館
925 白状
926 天敵
927 妻
928 綿
929 伝染
930 樹立

第32回

931 種類
932 順調
933 状況
934 情景
935 正直
936 拝見
937 健在
938 見聞
939 権利
940 閉
941 特権
942 群集
943 軽快
944 芸術
945 軽率
946 敬服
947 劇場
948 景色
949 決着
950 残
951 健全
952 現像
953 建築
954 愛用
955 愛想
956 厳格
957 引率
958 約束
959 録音
960 法則

第33回

961 方針
962 放置
963 包容力
964 朗
965 補欠
966 補修
967 補足
968 皮肉
969 公演
970 復興
971 不便
972 不用(要)
973 奮起
974 粉末
975 弁護
976 棒
977 与
978 放映
979 放射能
980 目標
981 基
982 武器
983 不(無)気味
984 複製
985 老
986 創意
987 不可欠
988 創刊
989 倉庫
990 器械

第34回

991 増減
992 相当
993 破
994 強要
995 速達
996 素材
997 素質
998 祖先
999 一般
1000 標識
1001 表情
1002 費用
1003 普通
1004 否
1005 朗報
1006 来訪者
1007 労働
1008 相変
1009 消
1010 強制
1011 標準
1012 途中
1013 恩
1014 逆転
1015 油断
1016 究極
1017 恩恵
1018 育
1019 河川
1020 本能

第35回

1021 目覚
1022 様式
1023 合
1024 条件
1025 要求
1026 和
1027 自
1028 均一
1029 格別
1030 照
1031 従来
1032 進展
1033 模造
1034 示
1035 転勤
1036 勤勉
1037 接近
1038 征服
1039 劇
1040 制
1041 極度
1042 意義
1043 辞
1044 成(生)長
1045 出現
1046 始終
1047 除去
1048 告
1049 農耕
1050 熱中

A　漢字の書き取り ― 解答 ―

第36回

1051 庭先
1052 必死
1053 旗
1054 退出
1055 多様
1056 根本
1057 汽車
1058 管
1059 家庭
1060 角度
1061 職
1062 逆立
1063 優勝
1064 最初
1065 産卵
1066 市街
1067 自他
1068 未練
1069 港
1070 眼鏡
1071 貧
1072 倍
1073 退化
1074 失
1075 強調
1076 職業
1077 内蔵
1078 技術
1079 推測
1080 禁物

第37回

1081 自体
1082 要素
1083 百聞
1084 歯
1085 家族
1086 悲劇
1087 研究
1088 商売
1089 開発
1090 快晴
1091 実現
1092 無限
1093 対応
1094 調整
1095 認識
1096 密林
1097 完備
1098 水浴
1099 全
1100 全
1101 結
1102 満
1103 指
1104 調
1105 細
1106 帰
1107 代（替）
1108 五指
1109 講習
1110 輸送

第38回

1111 賃
1112 乗
1113 対面
1114 頂上
1115 半
1116 逃
1117 日常
1118 貯金
1119 警察
1120 際
1121 事故
1122 気性
1123 密着
1124 探究
1125 座席
1126 私信
1127 江戸前
1128 往年
1129 要
1130 衣服
1131 居間
1132 異変
1133 今朝
1134 異色
1135 以心
1136 抱
1137 形勢
1138 引用
1139 祈
1140 以降

第39回

1141 敬意
1142 解明
1143 一節
1144 一心
1145 以西
1146 一帯
1147 一等賞
1148 暗雲
1149 仮死
1150 賢
1151 固持
1152 誤算
1153 実在
1154 隠
1155 確率
1156 家計
1157 実行
1158 実景
1159 縁側
1160 刻限
1161 刻々
1162 告白
1163 演説
1164 失望
1165 語尾
1166 米俵
1167 園芸
1168 円熟
1169 選
1170 戸外

第40回

1171 拡声器
1172 護岸
1173 思春期
1174 確定
1175 獲得
1176 格段
1177 演出
1178 失敗
1179 殺
1180 失調
1181 質疑
1182 娯楽
1183 得
1184 粉
1185 心得
1186 失笑
1187 辞任
1188 失敬
1189 金色
1190 頃
1191 画
1192 指導
1193 裁量
1194 採録
1195 通勤
1196 自衛
1197 潮風
1198 逆手
1199 通帳
1200 雑穀

A 漢字の書き取り ― 解答 ―

第41回

1201 雑貨
1202 追及
1203 追求
1204 痛感
1205 通称
1206 通訳
1207 再起
1208 罪状
1209 採取
1210 香料
1211 号令
1212 凍
1213 潮流
1214 著述
1215 強引
1216 後生
1217 致命傷
1218 知能
1219 着眼
1220 通貨
1221 兆(徴)候
1222 長者
1223 調停
1224 構内
1225 公布
1226 好物
1227 興亡
1228 飼育
1229 殺風景
1230 再興

第42回

1231 雑談
1232 宙返
1233 着陸
1234 注入
1235 志願
1236 参加
1237 散布
1238 細大
1239 祝
1240 夏至
1241 難解
1242 利
1243 土用
1244 破裂
1245 謎
1246 懐
1247 翻訳
1248 習
1249 買収
1250 教養
1251 放流
1252 認定
1253 保養所
1254 太古
1255 野外
1256 大使
1257 層
1258 毒舌
1259 大半
1260 図

第43回

1261 量
1262 俳優
1263 余裕
1264 明示
1265 徒労
1266 付近
1267 潜
1268 復活
1269 不通
1270 分身
1271 日照
1272 被害
1273 眺
1274 敗退
1275 目次
1276 毛布
1277 燈(灯)心
1278 発射
1279 抜群
1280 暴露
1281 激
1282 値段
1283 隣
1284 無礼
1285 不毛
1286 震
1287 留守番
1288 婦人
1289 独奏
1290 特異

第44回

1291 度胸
1292 目測
1293 密閉
1294 吹雪
1295 脱落
1296 大漁
1297 博愛
1298 忘却
1299 得票
1300 特徴
1301 蓄
1302 行水
1303 平素
1304 必勝
1305 微笑
1306 報
1307 副
1308 破局
1309 余波
1310 模範
1311 門戸
1312 石像
1313 容器
1314 明朝
1315 設置
1316 風化
1317 風雅
1318 風雪
1319 矢印
1320 役目

第45回

1321 大黒柱
1322 化粧
1323 平然
1324 雇
1325 郵送
1326 悲観
1327 動転
1328 統制
1329 筆
1330 身支(仕)度
1331 見事
1332 不順
1333 返事
1334 理想的
1335 迎
1336 無益
1337 物色
1338 譲
1339 比重
1340 悲喜
1341 破片
1342 発奮
1343 同盟
1344 燈(灯)台
1345 迷惑
1346 類焼
1347 綿密
1348 芽生
1349 複数
1350 立証

A 漢字の書き取り —解答—

第46回

1351 判別
1352 班長
1353 博識
1354 装
1355 任意
1356 浴
1357 極端
1358 曲芸
1359 本位
1360 彫
1361 発足
1362 大丈夫
1363 発起
1364 複写
1365 転向
1366 予防
1367 校正
1368 欲望
1369 余興
1370 不時着
1371 同類
1372 体裁
1373 煮
1374 弁解
1375 容体(態)
1376 泊
1377 野宿
1378 納入
1379 徒党
1380 包丁

第47回

1381 包装
1382 暴挙
1383 包囲
1384 答弁
1385 透明
1386 手製
1387 冒険
1388 落後
1389 落第
1390 討論
1391 道化
1392 礼儀
1393 湯気
1394 保存
1395 保管
1396 協力
1397 筆舌
1398 行方
1399 愉快
1400 不快
1401 列挙
1402 満天
1403 凝固
1404 遺言
1405 魅力
1406 点火
1407 適応
1408 拝観
1409 戯
1410 門出

第48回

1411 豊満
1412 補充
1413 団結
1414 牧場
1415 余念
1416 大胆
1417 都度
1418 入念
1419 麦秋
1420 模写
1421 予備
1422 普段
1423 寄
1424 転任
1425 粉骨
1426 紛失
1427 点在
1428 天性
1429 耳障
1430 打算
1431 基調
1432 宝庫
1433 有終
1434 連日
1435 断言
1436 打破
1437 臨海
1438 応対
1439 屋外
1440 屋内

第49回

1441 雲海
1442 胸囲
1443 面影
1444 危害
1445 仰
1446 青菜
1447 訓告
1448 飽
1449 群生地
1450 訓示
1451 牛耳
1452 救済
1453 愛称
1454 崩
1455 苦心
1456 区切
1457 区画
1458 愛着
1459 空輸
1460 相手
1461 救急隊
1462 吸引
1463 逆上
1464 応用
1465 禁煙
1466 逆効果
1467 机上
1468 規律
1469 急転直下
1470 旧知

第50回

1471 熟
1472 温情
1473 横転
1474 驚
1475 工面
1476 課
1477 傾
1478 鮮
1479 尾頭
1480 気負
1481 愛好
1482 金銭
1483 筋力
1484 球根
1485 億
1986 拝
1487 記入
1488 影響
1489 降
1490 押
1491 上背
1492 空腹
1493 客観
1494 大判
1495 配
1496 世代
1497 接戦
1498 節減
1499 標高
1500 謝罪

B 漢字の読み――解答――

第1回

1 くちょう
2 はぶ（く）
3 ふる（う）
4 ぞうきばやし
5 けはい
6 いとな（む）
7 さば（く）
8 とな（える）
9 ちぢ（む）
10 つい（やす）
11 きちょう
12 しりぞ（けた）
13 ね（る）
14 むく（いる）
15 きざ（む）
16 そそ（ぐ）
17 そこ（なう）
18 さか（らう）
19 こころ（みる）
20 かな（でる）
21 もう（ける）
22 ひたい
23 けわ（しい）
24 ひき（いて）
25 なご（やか）
26 びんじょう
27 すす（める）
28 むぞうさ
29 みちび（く）
30 つごう

第2回

31 まか（せる）
32 と（く）
33 ぎょうそう
34 こころざし
35 こがい
36 さ（ます）
37 おとず（れる）
38 うやま（う）
39 いただき
40 すこ（やか）
41 さいく
42 そな（える）
43 そっせん
44 けいだい
45 ことわ（る）
46 かま（え）
47 かせん
48 むら（がる）
49 かえり（みる）
50 あやつ（る）
51 あた（り）
52 こころよ（い）
53 うつ（る）
54 いと
55 あんぴ
56 いさぎよ（い）
57 う（れる）
58 もめん
59 ちょうほう
60 へ（る）

第3回

61 ふぜい
62 ようい
63 にが（し）
64 しょうぶん
65 そむ（く）
66 そ（らす）
67 たがや（す）
68 たず（ねる）
69 と（る）
70 おぎな（って）
71 えとく
72 きゅうさい
73 あ（びる）
74 あば（れる）
75 あ（げる）
76 き（く）
77 ごうじょう
78 けんぶん
79 す（る）
80 ずじょう
81 すなお
82 しゃそう
83 みやげ
84 まね（く）
85 ようし
86 ようさん
87 ゆらい
88 にな（う）
89 のぞ（む）
90 るす

第4回

91 るいじ
92 ほうふ
93 ほっさ
94 ひんぷ
95 はんのう
96 ほんもう
97 つら（なる）
98 た（つ）
99 たなばた
100 たも（つ）
101 す（まない）
102 おさ（める）
103 あらわ（す）
104 し（いる）
105 さ（める）
106 さぐ（る）
107 おさ（める）
108 おかん
109 けいゆ
110 がんか
111 おうらい
112 きず（く）
113 いぶき
114 いなか
115 かっせん
116 けしき
117 きんもつ
118 こんりゅう
119 こと（なった）
120 ころ（がす）

B 漢字の読み ―解答―

第5回

121 きわ(めて)
122 りょうし
123 くめん
124 なっとく
125 と(く)
126 お(う)
127 さっそく
128 さいちゅう
129 せお(う)
130 きざ(し)
131 かんけつ
132 わけ
133 き(く)
134 やたい
135 したく
136 ごういん
137 しんく
138 さ(く)
139 かくだい
140 ほが(らか)
141 ただよ(う)
142 ととの(える)
143 しゅうにん
144 はか(る)
145 はか(る)
146 みき
147 ゆげ
148 た(らす)
149 がんらい
150 じゅうおう

第6回

151 りっぱ
152 きいと
153 ろうどく
154 しゅぎょう
155 しゅっか
156 かくちょう
157 そんちょう
158 そ(めた)
159 はいご
160 や(む)
161 いちじる(しく)
162 はっき
163 ゆうぜい
164 ひはん
165 かおく
166 すで
167 おうふく
168 たば(ねる)
169 じょうぎ
170 くふう
171 そ(った)
172 ねいろ
173 いくじ
174 いた(る)
175 げんしょう
176 か(ねる)
177 ふんべつ
178 げねつ
179 さいしん
180 な(れる)

第7回

181 ひより
182 いた(み)
183 へいぜい
184 けびょう
185 のぞ(く)
186 かいが
187 きせい
188 はつが
189 しょうに
190 なが(め)
191 そな(える)
192 た(たれる)
193 きぬ
194 はず(れる)
195 ささ(える)
196 なご(り)
197 じょうじゅ
198 そうごん
199 こころえ
200 ただ(ち)
201 はつね
202 こうふん
203 きぼ
204 ぜせい
205 いっさい
206 しゅうしゅう
207 そっちょく
208 せいか
209 せ(める)
210 ずつう

第8回

211 ぶさほう
212 ぼうえき
213 もっぱ(ら)
214 わこうど
215 すみ(やか)
216 そうがんきょう
217 あば(く)
218 ま
219 こうみょう
220 じゅよう
221 ぶさいく
222 しょうがい
223 たいしゃく
224 はっぷん
225 にゅうわ
226 じょうせき
227 わざわ(い)
228 なや
229 しょうれい
230 にゅうか
231 しょうそく
232 ばいばい
233 しれん
234 ぶきよう
235 へだ(たり)
236 よわね
237 しゃ
238 りゅういき
239 しゅうとくぶつ
240 りちぎ

B 漢字の読み ―解答―

第9回

241 さいげん
242 はなぢ
243 よきん
244 しだい
245 ざっか
246 あずき
247 まった(く)
248 よ(る)
249 ごくじょう
250 こま(やか)
251 いんさつ
252 じょうず
253 ゆだ(ねる)
254 あゆ(む)
255 かんちょう
256 いごこち
257 かんき
258 のぼ(り)
259 あ(む)
260 さず(ける)
261 あ(く)
262 きょこう
263 はで
264 あず(ける)
265 ようい
266 のが(れる)
267 むごん
268 しょもう
269 まいご
270 さっこん

第10回

271 あきな(い)
272 みなもと
273 ひと(り)
274 もんく
275 お(びる)
276 まいきょ
277 ひょうし
278 せきせつ
279 よか
280 お(し)
281 かんたい
282 けだか(い)
283 しゅしゃ
284 うけたまわ(り)
285 こづつみ
286 ぶあいそう
287 あたた(かい)
288 かんきょう
289 やわ(らげる)
290 しょうさん
291 けっそく
292 ぶきみ
293 きょうめい
294 あんい
295 もくめ
296 ごりやく
297 きょうみ
298 じ(する)
299 ほ(しい)
300 う(つ)

第11回

301 こ(もれ)び
302 おそ(わった)
303 やさ(しい)
304 おごそ(か)
305 はし(はた)
306 どういつ
307 おこ(す)
308 しいか
309 やさ(しい)
310 さよう
311 よさむ
312 あんちょく
313 さしず
314 とうめい
315 おおどお(り)
316 きずぐち
317 ていちょう
318 いんしょう
319 かんぱん
320 げどく
321 でし
322 うむ
323 ちき
324 ついじゅう(しょう)
325 だいず
326 しゅうしゅく
327 ぶんかつ
328 つみ
329 すいとう
330 ふしめ

第12回

331 ちゅうもん
332 あやま(ち)
333 たいしょ
334 すじみち
335 おうぼう
336 すぐ(れた)
337 しょち
338 けんにん
339 え(み)
340 ぶなん
341 しせい
342 せ(り)
343 えしゃく
344 てんねん
345 ひとけ
346 が(っ)てん
347 つと(める)
348 こ(えた)
349 ちず
350 もよう
351 うわまわ(る)
352 いきお(い)
353 ふしぎ
354 ちすい
355 たんもの
356 おおやけ
357 ちょうこう
358 かくさく
359 へいこう
360 おが(む)

B 漢字の読み ―解答―

第13回

361 ぜつぼう
362 ちょぞう
363 せだい
364 かろ(やか)
365 つ(ぐ)
366 ふ(える)
367 こくもつ
368 ため(す)
369 げんみつ
370 あぶ(ない)
371 かいこ
372 ようじょう
373 とど(ける)
374 ぜんちょう
375 こうえき
376 かくう
377 ここち
378 さくりゃく
379 なまへんじ
380 じゅひ
381 さが(す)
382 さか(える)
383 しゅうかん
384 ぶんぷ
385 ていさい
386 とこなつ
387 か(いた)
388 はつか
389 くつう
390 せけん

第14回

391 ととの(う)
392 あやま(る)
393 こくそう
394 なつ(かしい)
395 そまつ
396 せんぽう
397 しょめい
398 さみだれ
399 とうかく
400 らいさん
401 きんこう
402 ちりょう
403 りゅうい
404 てんけい
405 くおん
406 りゅうせん
407 てぎわ
408 ごんごどうだん
409 ゆる(やか)
410 たよ(り)
411 けいちょう
412 りんきおうへん
413 つ(く)
414 きょよう
415 りょきゃく(かく)
416 せい(も)こん(も)
417 けいそつ
418 ゆず(る)
419 せっしゅ
420 きわ(める)

第15回

421 ゆいごん(いごん)
422 こうじつ
423 くれない
424 ふぶき
425 たわむ(れる)
426 ぐんじょう
427 ふたん
428 てんせい
429 こんじゃく
430 ぶれい
431 たましい
432 げんとう
433 べいこく
434 ていぼう
435 くとうてん
436 こんだて
437 ゆくえ
438 だま(る)
439 げんえき
440 やっかい
441 とうじ
442 きぼね
443 ゆ(う)
444 つ(ぐ)
445 は(え)
446 ふでぶしょう
447 だこう
448 にんじょう
449 たず(ねる)
450 げし

第16回

451 やくみ
452 ろうにゃくなんにょ(ろうじゃくだんじょ)
453 つの(る)
454 はいき
455 ぼうきょう
456 たく(み)
457 なめ(らか)
458 ゆうが
459 つらぬ(く)
460 なまいき
461 ほ(す)
462 そぼく
463 はくじつ
464 ふ(せる)
465 ちょうぼう
466 なだれ
467 きしょう
468 ほっき
469 せんじん
470 にご(る)
471 ほうしょく
472 ぜつめつ
473 かわせ
474 ほんね
475 じみち
476 かか(げる)
477 ゆかた
478 ちくば
479 あざ(やか)
480 ふっこう

B 漢字の読み ―解答―

第17回

481 ちまなこ
482 まくあい
483 ぜっせん
484 こうかい
485 めんどう
486 すあし
487 えたい
488 ま（じる）
489 すいこう
490 おこた（る）
491 まいちもんじ
492 すてき
493 かど
494 もんこ
495 そうじ
496 かつ（ぎ）
497 さいふ
498 せんとう
499 かなた
500 ほろ（ぼす）
501 そ（えて）
502 かた（くない）
503 ほったん
504 ぜにん
505 じゅんのう
506 はんも
507 ゆうし
508 せっぱん
509 かなめ
510 ひごう

第18回

511 みえ
512 せんでん
513 ばっさい
514 ふ（け）
515 は（える）
516 ふなびん
517 もよ（り）
518 しろもの
519 ばくろ
520 めいよ
521 ぎせい
522 しょうじん
523 ひがん
524 もほう
525 いっつい
526 きび（しい）
527 ひさめ
528 こ（った）
529 ひそ（か）
530 うら（み）
531 すじょう
532 ふうちょう
533 やき
534 ひた（る）
535 わざ
536 ちんちょう
537 しょうけい
538 るにん
539 そうちょう
540 む（らす）

第19回

541 じょがい
542 みずか（ら）
543 いせき
544 ひるがえ（る）
545 しっさく
546 そうほう
547 から
548 いんねん
549 むじゅん
550 しょうげき
551 ひつぜつ
552 かみわざ
553 しんじょう
554 ひめい
555 こうみょう
556 ぶえんりょ
557 せいき
558 おちい（る）
559 ひつじゅひん
560 とうち
561 こうたい
562 じゅず
563 う（せた）
564 と（ぎ）
565 おんびん
566 じごうじとく
567 いんそつ
568 こづか（い）
569 じゃくねん
570 うちわけ

第20回

571 ざっとう
572 じちょう
573 こうむ（る）
574 しきさい
575 きょうしゅう
576 いど（む）
577 どくけ
578 しゃくぜん
579 こ（がれた）
580 こだち
581 じょうりゅうすい
582 しそん
583 こおう
584 おさ（える）
585 いっし
586 こうはい
587 こしょう
588 いえじ
589 あやま（る）
590 いくどうおん
591 とうじ
592 いおう
593 こうとう
594 しばふ
595 さまた（げる）
596 おびや（かされる）
597 さと（す）
598 さわ（る）
599 うかが（う）
600 とうわく

C ことわざ・慣用句 ―解答―

第1回

1 首
2 鼻
3 鼻
4 腹
5 鼻
6 舌
7 馬
8 歯
9 目
10 骨
11 頭
12 足
13 腕
14 顔
15 歯
16 耳
17 目
18 涙
19 手
20 足
21 馬
22 鼻
23 肩
24 足
25 目
26 耳
27 口
28 馬
29 犬
30 手

第2回

31 目
32 目
33 目
34 板
35 鼻
36 赤
37 馬
38 顔
39 口
40 耳
41 手
42 鳥
43 白
44 腰
45 肩（声）
46 顔
47 背
48 歯
49 腹
50 手
51 口
52 足
53 息
54 手
55 顔
56 腹
57 百 聞
58 息
59 猫
60 目

第3回

61 耳
62 胸
63 目
64 耳
65 石
66 耳
67 水
68 胸
69 口
70 耳
71 目
72 腕
73 腹
74 手
75 赤
76 顔
77 口
78 首
79 竹
80 茶
81 口
82 手
83 火
84 足
85 馬
86 口
87 真
88 能
89 鼻
90 紅

第4回

91 暑 寒
92 肩
93 気
94 手
95 板
96 手
97 腹
98 青
99 手
100 二
101 鼻
102 耳
103 目
104 指
105 足
106 一
107 身
108 目
109 身
110 火
111 耳
112 胸
113 目
114 手
115 猫
116 足
117 目
118 手
119 口（声）
120 腰

第5回

121 手
122 火
123 鼻
124 耳
125 三
126 手
127 目
128 身
129 足
130 耳 目
131 口
132 舌
133 手
134 目
135 口
136 足
137 気
138 口
139 銀
140 舌
141 手
142 虫
143 目
144 鼻
145 牛
146 手
147 耳
148 手
149 目
150 口

D 漢字の部首名——解答——

第1回

1 廴・えんにょう
2 欠・あくび（けんづくり）
3 穴・あなかんむり
4 刂・りっとう
5 月・にくづき
6 彡・さんづくり
7 礻・ころもへん
8 灬・れんが（れっか）
9 忄・りっしんべん
10 卩・こざとへん
11 牛（牜）・うしへん
12 門・もんがまえ
13 疒・やまいだれ
14 厂・がんだれ
15 頁・おおがい
16 广・まだれ
17 示（礻）・しめす
18 斤・おのづくり（おの）
19 癶・はつがしら
20 隹・ふるとり
21 木・きへん
22 耂・おいかんむり
23 彳・ぎょうにんべん
24 冫・にすい
25 行・ぎょうがまえ（ゆきがまえ）
26 糸・いとへん
27 走・そうにょう（はしる）
28 艹・くさかんむり
29 攵・ぼくにょう（のぶん）
30 王・おうへん

第2回

31 羊（⺶）・ひつじ
32 竹・たけかんむり（たけ）
33 罒・あみがしら（あみ）
34 匚・はこがまえ（かくしがまえ）
35 囗・くにがまえ
36 土・つちへん（つち）
37 辶・しんにょう（しんにゅう）
38 金・かねへん（かね）
39 貝・かいへん（かい）
40 女・おんなへん（おんな）
41 酉・とりへん（ひよみのとり）
42 車・くるまへん（くるま）
43 心・こころ（したごころ）
44 阝・おおざと
45 禾・のぎへん（のぎ）
46 月・つき（つきへん）
47 尸・しかばね
48 力・ちから
49 犭・けものへん
50 勹・つつみがまえ
51 馬・うまへん（うま）
52 扌・てへん
53 雨・あめかんむり（あめ）
54 氵・さんずい
55 亻・にんべん
56 子・こ（こへん）
57 言・ごんべん（げん）
58 日・ひへん（ひ）
59 飠・しょくへん
60 土・つち（つちへん）

E 否定語のつく熟語―解答―

第1回

1 非
2 非
3 未
4 未
5 無
6 無
7 未
8 無
9 無
10 不
11 不
12 不
13 無
14 不
15 非
16 不
17 不
18 無
19 未
20 無
21 未
22 無
23 非(未)
24 不
25 無
26 不
27 不
28 無
29 不
30 未

第2回

31 不
32 無
33 不
34 不
35 未
36 無
37 不
38 非
39 不
40 無
41 無
42 不(非)
43 無
44 不
45 不
46 無
47 無
48 無
49 不
50 無
51 不
52 非
53 未
54 無
55 不
56 未
57 非
58 無
59 不
60 無

F 反対語(対義語)―解答―

第1回

1 危険
2 結果
3 縮小
4 供給
5 生産
6 複雑
7 人工
8 困難
9 権利
10 具体(具象)
11 平和
12 解散
13 損失(損害)
14 短縮
15 禁止
16 複雑(困難)
17 現実
18 消極的
19 失意(不得意)
20 干潮
21 失敗
22 革新
23 敗北
24 楽観
25 未来
26 人工
27 異常
28 収入
29 減少
30 特殊

第2回

31 黒字
32 静止
33 求心
34 円熟(成熟)
35 必然
36 現実
37 建設
38 不運
39 立体
40 無害
41 平等
42 依存
43 相対
44 直接
45 短所
46 下校
47 形式
48 退化
49 支線
50 節約(倹約)
51 拾得
52 客観
53 後退
54 好評
55 理性
56 順境
57 始発
58 粗雑
59 子孫
60 可決

F 反対語(対義語) ―解答―

第3回

61 定説(通説)
62 過密
63 不調
64 順風
65 害虫
66 反対
67 起点
68 応答
69 非凡
70 正当
71 不足
72 重視
73 服従
74 脱退
75 閉会
76 人災
77 退場
78 決算
79 不潔
80 水平
81 無限
82 精神
83 大漁
84 被告
85 他人
86 未開
87 離陸
88 安心
89 全体
90 公開

第4回

91 退
92 減
93 横
94 暖
95 動
96 暗
97 裏
98 私
99 捨
100 復
101 低
102 買
103 易
104 害
105 得(益)
106 散
107 旧
108 石
109 得
110 近
111 同
112 罪
113 続
114 答
115 着
116 果
117 弱
118 守(防)
119 重
120 富

G 四字熟語 ―解答―

第1回

1 鳥 いっせきにちょう
2 千 いちじつ(にち)せんしゅう
3 別 せんさばん(まん)べつ
4 一・一 いっちょういっせき
5 退 いっしんいったい
6 色 じゅうにんといろ
7 霧 ごりむちゅう
8 心 いっしんふらん
9 挙 いっきょりょうとく
10 口 いくどうおん
11 臨 りんきおうへん
12 以 いしんでんしん
13 画 じがじさん
14 千 せんぺんばんか
15 晩 たいきばんせい
16 喜 いっきいちゆう
17 機 しんきいってん
18 百 ひゃっぱつひゃくちゅう
19 左 うおうさおう
20 夢 むがむちゅう
21 不 ふげんじっこう
22 長 いっちょういったん
23 我 がでんいんすい
24 業 じごうじとく
25 月 にっしんげっぽ
26 四 さんかんしおん
27 八 しくはっく
28 単 たんとうちょくにゅう
29 断 ごんごどうだん
30 体 ぜったいぜつめい

G 四字熟語 ―解答―

第2回

31 倒 しちてんばっとう（しってん）
32 東 ばじとうふう
33 給 じきゅうじそく
34 載 せんざいいちぐう
35 疑 はんしんはんぎ
36 古 ここんとうざい
37 深 いみしんちょう
38 在 じゆうじざい
39 聞 ぜんだいみもん
40 雷 ふわらいどう
41 同 だいどうしょうい
42 正 こうめいせいだい
43 髪 ききいっぱつ
44 始 いちぶしじゅう
45 心 いっしんどうたい

46 因 いんがおうほう
47 哀 きどあいらく
48 滅 しりめつれつ
49 客 せんきゃくばんらい
50 様 たしゅたよう
51 投 いきとうごう
52 四 ちょうさんぼし
53 玉 ぎょくせきこんこう
54 時 しろくじちゅう
55 束 にそくさんもん
56 材 てきざいてきしょ
57 眠 ふみんふきゅう
58 改 ちょうれいぼかい
59 千 いちぼうせんり
60 奇 きそうてんがい

第3回

61 尾 てっとうてつび
62 九 さんぱいきゅうはい
63 両 いっとうりょうだん
64 棒 しんしょうぼうだい
65 肉 じゃくにくきょうしょく
66 耕 せいこううどく
67 触 いっしょくそくはつ
68 命 いっしょうけんめい
69 戦 あくせんくとう
70 暗 ぎしんあんき
71 信 じしんまんまん
72 転 ななころびやおき
73 美 はっぽうびじん
74 倒 ほんまつてんとう
75 挙 いっきょいちどう

76 十 じゅうねんいちじつ
77 堂 せいせいどうどう
78 実 ゆうめいむじつ
79 雑 あっこうぞうごん
80 海 うみせんやません
81 専 いちいせんしん
82 夏 かろとうせん
83 欠 かんぜんむけつ
84 問 じもんじとう
85 承 きしょうてんけつ
86 知 ぜんちぜんのう
87 壮 たいげんそうご
88 黙 ちんしもっこう
89 二 にしゃたくいつ
90 百 ひゃくせんれんま

G 四字熟語 ―解答―

第4回

91 落 いっけんらくちゃく
92 空 くうぜんぜつご
93 存 きょうぞんきょうえい
94 断 ゆだんたいてき
95 若 ろうにゃくなんにょ
96 貫 しょしかんてつ
97 飲 ぼういんぼうしょく
98 当 いっきとうせん
99 実 きんげんじっちょく
100 馬 なんせんほくば
101 真 しょうしんしょうめい
102 根 じじつむこん
103 途 ぜんとたなん
104 走 とうほんせいそう
105 柔 ゆうじゅうふだん
106 周 よういしゅうとう
107 薄 いしはくじゃく
108 獲(刻) いっかくせんきん(いっこくせんきん)
109 混 こうしこんどう
110 取 しゅしゃせんたく
111 貫 しゅうしいっかん
112 暴 じぼうじき
113 意 せいしんせいい
114 義 たいぎめいぶん
115 兼 ちゅうやけんこう
116 念 むねんむそう
117 美 びじれいく
118 覚 ぜんごふかく
119 賛 さんぴりょうろん
120 兼 さいしょくけんび

H 漢字の筆順 ―解答―

第1回

1 丶 ソ 义 必 必
2 丿 厂 万 成 成 成
3 一 二 三 乒 乒 垂 乗 乗
4 丨 厂 冂 円 用 馬 馬 馬
5 ⺄ ⺄ ⺄ 飞 飞 飛 飛 飛 飛
6 フ ヌ ヌ 癶 癶 癶 癸 発 発
7 丿 宀 血 血 血 衆 衆 衆 衆
8 丷 忄 忄 忄 忄 忄 忄 情 情
9 丿 厂 后 后 咸 咸 咸 感 感
10 一 厂 厈 厈 厤 厤 歴 歴 歴
11 丶 亠 方 方
12 亅 亅 氵 氺 氷
13 一 丅 下 下 巨 耳
14 丿 ㇆ ヨ ヨ ヨ 非 非 悲 悲
15 ㇕ ⺕ ⺕ ⺕ ⺕ 聿 聿 書 書
16 ノ ナ ナ 右 右
17 ノ 亻 亻 亻 何 何 何
18 ノ ⺈ 二 午 午 無 無 無 無
19 ノ ㄨ 乂 产 产 肴 希
20 一 十 才 木 木 木 柄 柄 柄
21 丷 丷 䒑 䒑 首 首 首 首 道
22 木 木 木 木 木 木 木 機 機
23 一 二 亜 亜 亜 亜 悪 悪 悪
24 ノ 犭 犭 犭 犯
25 十 土 土 土 坷 坷 域 域 域
26 一 厂 厂 厂 厈 盾 原 原 原
27 丨 丩 収 収
28 ノ ク 角 角 角 角 角
29 丶 亠 广 疒 疒 疒 病 病 病
30 亅 亅 ヨ ヨ ヨ 非 非 非

※書き誤りの少ないものは途中《とちゅう》を省略してあります。

H 漢字の筆順―解答―

第2回

31 ノナ才右布
32 ノ𠂉𠂉毋毎毎
33 丨厂厂円戸戸臣
34 ノイ亻仆什隹隹進進
35 丿厂广皮皮
36 丨厂戸戸巨長長長
37 一ア不不
38 一丅丅可可
39 丨厂戸臣臣臨臨臨臨
40 一丆万
41 ノイ亻什什隹隹集集
42 一十廾艹艹若若若
43 丨冂罒田田田思思思
44 く幺幺糸糸糸
45 一厂厂厂灰灰
46 丶丷忄忄忄快快
47 十木朩朩朩栐栐棒棒
48 丶冫氵汀汀河河河
49 一丆匚匚匚医医
50 フコ弓弓弖張張張
51 丿丿片片
52 丶亠广广疒夜夜夜
53 一艹艹艹莎茨落落
54 ノ二千禾禾利秘秘秘
55 氵氵汀汇淈減減減
56 𠃋母母母母
57 一フヌ区
58 丨门门门门門門門
59 丶丷忄忄忄性性性
60 丨厂厂户馬馬馬駆駆

※書き誤りの少ないものは途中《とちゅう》を省略してあります。

I 漢字の画数―解答―

第1回

1 十一
2 十三
3 十一
4 十五
5 十三
6 十
7 四
8 八
9 十三
10 六
11 十一
12 十四
13 十二
14 十一
15 十七
16 十
17 五
18 八
19 十
20 十一
21 十一
22 六
23 九
24 九
25 十二
26 十三
27 十
28 十四
29 十一
30 十一

第2回

31 六
32 十五
33 九
34 十四
35 三
36 十六
37 七
38 七
39 十
40 十
41 十五
42 九
43 十三
44 十一
45 十八
46 十一
47 十二
48 十
49 八
50 十四
51 十二
52 十一
53 五
54 六
55 九
56 五
57 十
58 十四
59 八
60 十

J 熟語の組み立て―解答―

第1回

1 鉄棒
2 新旧
3 外国
4 興亡
5 造船
6 円形
7 深海
8 少量
9 物価
10 創造
11 頭痛
12 異議
13 冷水
14 特権
15 読者
16 笑顔
17 道路
18 美談
19 温暖
20 希望
21 往復
22 読書
23 陸海空
24 時刻表
25 二往復
26 森林
27 作文
28 登山
29 誕生
30 全部員

第2回

31 特大
32 過去
33 録音
34 公務
35 再開
36 香水
37 寒冷
38 伸縮
39 満足
40 海水
41 隊長
42 求人
43 洋画
44 落葉
45 着席
46 絵画
47 延期
48 習慣
49 難易
50 失恋
51 読書
52 多大
53 座席表
54 松竹梅
55 収納庫
56 発芽
57 往復
58 危機
59 年長
60 好景気

◆◆ワンポイントアドバイス◆◆

☆二字熟語の組み立てには、

① 同じ意味の漢字を重ねた組み立て
（例：温暖→温かい＝暖かい）

② 反対の意味の漢字を重ねた組み立て
（例：加減→加える⇔減らす）

③ 上の漢字が下の漢字を修飾している組み立て
（例：強風→強い＋風）

④ 上の漢字が主語、下の漢字が述語になっている組み立て
（例：頭痛→頭が痛い）

⑤ 下の漢字が動作を表し、上の漢字が動作の対象や目的を表す組み立て
（例：投球→球を投げる）

⑥ 上の漢字が下の漢字の意味を打ち消す組み立て
（例：未来→まだ来ない　※上に「不・無・非・未・否」がつく）

⑦ 下の漢字が上の漢字に意味をそえている組み立て
（例：石化→石になる　※下に「性・然・的・化」がつく）

⑧ 長い熟語を省略した組み立て
（例：入試→入学試験）

☆三字熟語の組み立てには、

① 上の漢字が下の二字熟語を修飾している組み立て【○＋□□】
（例：深呼吸→深い＋呼吸）

② 上の二字熟語が下の漢字を修飾している組み立て【□□＋○】
（例：海岸線→海岸の＋線）

③ 対等の意味を持つ漢字を並べた組み立て【○＋△＋□】
（例：衣食住→衣・食・住）

などのパターンがあります。右の例にあるように、漢字に言葉を補って考えると解きやすいでしょう。

中学入試　出題ベスト10シリーズ②

これが入試に出る

漢字　合格の2790題

2023年 2 月　初版第 3 刷発行

編著者　**声の教育社　編集部**

発行所　**株式会社　声の教育社**

住所　東京都新宿区新小川町8-15 〒162-0814

電話　03-5261-5061(代)

FAX　03-5261-5062

●定価は表紙に表示してあります。